A
SON'S
MEMOIR

Saul

Bellow

长子回忆录

索尔·贝娄之心

SAUL BELLOW'S
HEART ——————————
A SON'S MEMOIR

〔美〕 ——————————

格雷格·贝娄 著

朱云 译

南京大学出版社

致我的母亲，安妮塔·戈什金·贝娄·布萨卡（Anita Goshkin Bellow Busacca），她告诉我及世人："努力争取！"

致我的父亲，索尔·戈登·贝娄（Saul Gordon Bellow），他让我知道："如果要努力争取，一定要确保不辱家族声名。"

致我的妻子，乔安·海尼考夫·贝娄（JoAnn Henikoff Bellow），从未动摇过对我的信任。

目　录

墓前被夺权的醒悟

八岁时,我去芝加哥,目睹了父亲与祖父之间发生的一场激烈争吵,他们彼此间说着意第绪语。驱车离开他父亲家后,索尔便开始痛哭,以至于他不得不在路边停下车。几分钟过后,他如此向我解释他的失控:"成年人也可以哭的。"我知道他痛得心都碎了。我会知道,是因为父亲与我都有着柔软的心,这是我们之间的纽带。

作为索尔的长子,在他的葬礼之前,我一直都相信我们之间的这种联系不会有任何改变。但是,他的葬礼上满是人们对他文学成就的赞扬,那些出席的哀悼者讲述着各种轶事,谈论他如何影响了他们。这让我重新思考起我长期以来一直认为却从未仔细思量过的关于我们之间联系的想法。我们驾车离开墓地时,我问我弟弟丹①他觉得有几个孩子参加了父亲的葬礼。他的回答,从字面上看没错,是三个儿子。不过,我的答案却与他的不同。我感觉,无论男女,出现在父亲的葬礼上的几乎每个人都认为自己是索尔的孩子。初次了解到索尔·贝娄作为父亲的影响如此之大,这令我开始意识到他作为文学形象的影响力,而这却是我在他在世时努力避免关注的。

---

① "丹"为作者格雷格对幺弟的亲密称呼,实际名字为丹尼尔(Daniel)。在整部书中,格雷格常以这种昵称方式称呼亲人。(本书注释均为译者注。)

1

我所成长的家里到处是书籍，那里充满了热烈的交谈，大家因为想要寻找真相、讲真话而聚集在一起。我开始与我的父母一样珍视文化，珍视宁静的独处——我父亲认为这对写作极为重要。每天早晨，他的书房门都紧闭。这预示了索尔在写作与生活之间竖起了屏障。几十年来，我决然地保护着他的隐私，无论是文学方面还是私人方面，这些是联结我们俩与他那些创作时日的纽带。还是个孩子时，我就学会不去打扰他。成年之后，我对从事文学创作的他、对他的声名——斯德哥尔摩将他的声名推向顶点——所引起的轰动视而不见。1976 年之后，我拒绝参加所有为他举行的活动。索尔对此很生气，但我觉得成为公众关注的中心，这损害了我一直想保护的我与他之间的私人纽带。

对于这位改变了美国文学的作家，其身后享有敬意与赞扬并不令人惊讶。我的儿子安德鲁对索尔的文学生涯毫无兴趣，我希望他能多了解他的祖父一些，虽然他的祖父忽视了他。于是我强烈要求他观看索尔刚辞世时公共广播公司《新闻时间》(PBS News-Hour)节目播出的关于他的讨论。第二天，安德鲁说："人们怎么那么热衷于谈论祖父改变了美国文学？他只是个坏脾气的老头。"安德鲁的反应中肯地表达了我刚刚才开始意识到的差别：私下的人与文学大家的差别。

索尔刚故去，他的律师沃尔特·波森(Walter Pozen)就已经为即将发生的事情设定了基调。沃尔特没有打电话告知索尔的家人，而是打电话通知了媒体。我是从汽车收音机里得知了父亲去世的消息。葬礼上的致辞者选定了马丁·艾米斯(Martin Amis)，索尔的"文学之子"，和鲁斯·维斯(Ruth Wisse)，索尔恭顺的"犹太之女"。虽然没有家族成员被邀请致辞，我还是起身向索尔的遗孀杰妮斯致意，称赞她在我父亲最后几年时光中的付出。奇怪的是，另一位索尔的文学继承人菲利普·罗斯(Philip Roth)在葬礼上未发一言。他有点像忧郁的哈姆雷特,徘徊在葬礼人群的边缘,陷入了沉思。之后不久,《纽约客》(New Yorker)上刊登了一系列杂乱无章的信函。这些都是索尔写给菲利普谈论其小说构想问题的函件。在我看来,这些信件突出了索尔与菲利普之间在文学方面无与伦比的深厚关联。我读到这些信件的时候惊呆了,因为索尔的重复叙述中明显存在着精神困扰,它就像是一种意识流叙述,填补进了父亲向我讲述的故事中那一个个遗留的空白。

因为不想与人分享悲伤,我便不去读那些出现在报纸上的大量的讣闻,直到有人强烈要求我读一读里昂·维塞尔迪尔(Leon Wieseltier)刊登在《新共和》(New Republic)杂志上的颂词。他敬重我父亲才华出众或是发现他魅力十足、机智过人,这些都不会令我惊讶。但是他的颂词完全将那个著名的作家和作为我父亲的那个人混为一谈,我几乎认不出索尔了。还有,维塞尔迪尔先生似乎找到了与我父亲之间拥有深层关系的基础,它关涉个人情感,而这些在我看来是我作为他的长子才享有的权利。接下来的几周中,我听到也读到了许多轶事与叙述,它们都相似地宣告着其叙述者与作为文学之父的索尔·贝娄之间特殊的亲密关系。我觉得他们明显都很孝顺;我也很快开始感受到有几十个自封为他的子女的人公然进行着竞争,想要获得为纪念我父亲的一生而进行的一场游行中的领头位置。至此,这种想要站在队伍前面的竞争激怒了我。我问自己:"所有这些表达子女情感的叙述究竟是怎么回事?毕竟,他是我的父亲!难道他们的父亲都那么糟糕,以至于他们非要来抢我的父亲?"

在他去世之前,我特意将父亲作为私底下的人的角色放在首位,不愿与别人谈论。虽然那些表达子女情感的叙述、大量在他去世后出现的致辞令人恼火，但它们却让我认识到我父亲的小说所具有的强大影响，认识到他作为文化英雄的地位，意识到我不曾了解的他作为公众形象的一面，因为那一面是我一直都试图避免了解的。

我感到悲伤，开始意识到父亲作为私底下的人与作为公众英雄之间的不同。这时有人建议我读一读菲利普·罗斯的《遗产：一个真实的故事》（*Patrimony*，1991），我或许能从中找到慰藉。书中有一个场景：老罗斯撞见儿子在记笔记，很可能记下的是他准备写作中用到的一些瞬间——菲利普的父亲认为这些瞬间都属于隐私，不应该曝光。这个场景让我深受触动，我问自己："菲利普难道不会觉得丢脸吗？"不过，罗斯能下定决心写下他父亲最后时日的故事，这促使我思考，我该如何对待我心里的那个父亲——他最深切的渴望是完全不让别人知道他的想法和情感。

索尔有许多保护他隐私的方法，他几乎完全拒绝大声表达自己的内心世界。对此，他还推波助澜，要么对私人问题给出模棱两可的回答，要么讲出一些富含寓意的故事，让那些敏锐的听众与读者探究其意图。1990年，有一天我和他在波士顿联邦大道散步时，我父亲突然说："你的老朋友奥斯卡·塔尔科夫（Oscar Tarcov）认为本·图尔平（Ben Turpin）是个特别有意思的人。在一个讲述搬入新家的电影短剧中，图尔平搬着家具爬了几段楼梯，仔细布置好这些家具。新居的装修以他将沙发扔出客厅，砸碎了玻璃结束。有人问他为什么不先打开窗户再扔？他回答，'我是艺术家，我懒得那么做。'我和你母亲之间就是这样的相处方式。"花了五十年解读他的故事，我明白索尔告诉我的是那种文化的态度与非传统的行为，它们维系着我父母的婚姻和我们那个年轻的家庭。

索尔去世几周后的一次贝娄家族家宴上，大家就政府新近对伊拉克宣战一事发生了争论。我弟弟亚当(Adam)坚持认为政府的行动符合实际且合理合法，而我则强烈质疑战争的合理性及其涉及的伦理问题。后来，我堂姐莱莎(Lesha)(她是索尔的侄女，名字和我祖母一样，比我大六岁)评论，看着我们意见不一而争论，就好像是看着"青年索尔"(我)和"老年索尔"(亚当)在争吵。

我们的父亲总是很易怒、容易与人争辩、极度敏感，还明显易受评论文章的伤害。不过，我觉得莱莎称为"青年索尔"的那个人，更易让人产生情感上的亲近，他总是很温和，拥有嘲笑荒唐的世界、嘲笑自己的能力。我与他之间的纽带，有一部分就建立在他的温和、幽默的基础上，建立在我所认同的一系列平等的社会价值观的基础之上。索尔给人的亲近感、他的自由自在，随着其年龄的增长而变得越来越不可能。他的社会观变得冷漠无情，虽然从根本上说，他还是很脆弱。他早年对不同观点的宽容几乎完全消失了，他也失去了嘲笑自己的能力——这让我极为懊恼。他的这些转变严重损害了我们之间的共识，使我们之间的关系逐渐恶化，以至于我经常担心我们之间的关系是否还能维持下去。但莱莎的评论突出了人的生平的基本事实：如果没有"青年索尔"，那个叛逆、无礼、雄心勃勃但养育了我的人，就永远不会有"老年索尔"，那个著名的作家。

写一部回忆录，将人们所不熟知的"青年索尔"——我所热爱与思念的父亲——写入其中，这意味着违背自己一生都在做的事：在公众面前，为保护他的隐私和我们之间的关系而保持沉默。但种种重要的外在因素还是令我的想法发生了改变。我想让我的子女了解他们的祖父。而且，我也觉得有义务让我的两位弟弟耳目一新，因为他们所知道的父亲都只是"老年索尔"。最近几篇关于他生平的劣质文章让我警觉。我发现需要为学术界画一张肖像，由一个热爱着他又相当理解他缺点的儿子来书写，揭示索尔复杂的性格。我发现，索尔·贝娄的读者们——索尔对他们有着特殊的爱——对他这个人极度好奇。索尔作为作家的声名有一部分来源于他错综复杂的作品，有一部分因为他渴望独处，还有一部分在于他一生都将自己隐藏于那些寓言式的故事、玩笑、隐喻以及满足他需要的那些复杂又合乎逻辑的法则中。

但真正促使我写一部回忆录的，是那些占据了我的夜晚、令人紧张的梦境。我渐渐地不再每日想着父亲，可却常常从焦虑的睡梦中醒来，极度地想要抓住那些转瞬即逝的记忆。我觉得我在夜间出现的焦虑是新近故去的父亲给我的警示，他想要我保存下那些关于他的记忆，防止它遗失甚至或许是永远消失。

几十年来，我父亲总是会在傍晚下午茶时分给我讲述关于过去的故事，那个时候多半只有我们两个人，有时候也会有家里其他人一起。朋友和家人的加入会让那些故事更加清晰，令人印象深刻——不管这些故事是否那么令人陶醉。我热切地聆听着各类故事——那些叙事中总是饱含敏锐的观察；礼貌地容忍其他内容——它们非常不准确，却很有趣。对于我所听到的每一个故事，我记得有十个这样的故事，现在我的记忆成了它们的储存库，存放着索尔·贝娄——这个人，这位父亲，这位用头脑与心灵创作的作家——的复杂性与人性。那些梦到的故事很有可能会不知不觉地溜走，这一觉悟显示了我的忧虑，我担心如果不将它们落于纸页之上，那些我所珍视的终会消失。

如果我还是以一个收藏者的姿态无视索尔·贝娄的文学声名，这也意味着我忽略了父亲刚刚去世时我学到的教训：写作是他生活的目的，我便按他创作的先后顺序阅读了他所有的小说，以此作为我正式哀悼他的方式；所有那些在他辞世之后出现的满含孝道的叙事,更甚于我当初认为他们在墓地对我的篡权;主要依赖于记忆写出感受,比较适合我这个刚刚退休的心理医生,因为我擅长揭开那些含糊不明的叙事。不过,或许最为重要的是,我父亲进行创作时,直接望向镜中,从而通过他的小说为我提供了一扇窗,让我能够窥见他的思想轮廓,以及他一生都在尽力保护的喜欢沉思的自我。

在他的小说中,我总是能发现那些近乎熟悉的影像:贝娄家族的相册、我所认识的人的肖像、我相当了解的故事与生活。我父亲借由他的叙事者表达出的思想与情感有时候让我感觉那么清晰,以至于在某些时刻,我觉得我是在越过索尔·贝娄这个作家的肩膀张望,看他在我父亲的日记本上写作。重读他的作品加深了我在我们俩静静地聊天时就有的印象。我将之视为对我的邀请,邀我在阅读他的作品和回忆那个如此费心保护索尔称之为他的"内心生活"的人的人生之时,能够认真思考。《晃来晃去的人》中的叙述者约瑟夫描述了一颗心,它的周围是一团"鲜少被扰乱"的思想,那是他最难以被理解的部分。抚养我长大的就是这样一个人,他将他的心灵包裹在一团思想中,虽然他和我都很难透彻理解他的心灵,但我还是能时不时地洞悉一二。

尽管我对公之于众的书写方式存有疑虑,但我还是决意要更多地了解我的父亲,重新审视自己作为一位作家的儿子应该继承的遗产,并且表达出我自己的想法。我早已不能再像三岁时那样爬坐在索尔的腿上,那时他坐在打字机前,敲打着键盘,而我则在他的手稿上留下了童言稚语。我也再不能在索尔的晚年去探望他,与他谈论我们的过去,那些逐渐消失的记忆。我只能去看看他的墓碑,只能依照犹太传统,在墓碑上添上一粒卵石。不过,我"爸"应该从他的长子这里获得更多,他值得我为他写一部详尽且坦诚的传记。我关上书房的门，边听着勃拉姆斯和莫扎特的乐曲边挣扎着在纸端表达我的想法，就像他在七十多年的岁月中每天都在做的一样，我现在可以尽可能近地靠近我故去的父亲。

"青年索尔"：
　　叛逆之子

第一章
乐园：1915—1923

相隔着一个多世纪，中间还横跨了从立陶宛至芝加哥的数千公里距离，我与我的曾祖父母及前几代人之间唯一的联系就只有几张照片，以及索尔说我拥有的"立陶宛犹太人的舌头"——偏好带酸味的食物。这种偏好是他帮我养成的。我才六个月大的时候，他就喂我吃腌制的鲱鱼。我对我身上属于贝娄血统的了解都源于索尔一次又一次生动的讲述。

我的祖父亚伯兰·贝罗（Abram Belo）——他的名字在俄语中表示白色（就像是在白俄罗斯［Belarus］这个词中的意思一样）——1878 年生于德文斯克（Dvinsk），在立陶宛长大。家族里流传，他的父亲贝雷尔·贝罗（Berel Belo）很严厉。亚伯兰的哥哥威利（Willie）还是个年轻小伙的时候加入了某个政治联盟，那是个与工会有联系的左翼组织。贝雷尔绝对不允许这样的禁忌发生，他惩罚了威利，让他去当了一个毛刷匠的学徒。出身于有志家庭的犹太小伙却被打发了去做手艺人，这本身就是件丢人的事，更严重的是，做刷子的毛都是猪毛。犹太人是不允许触碰猪或者吃食猪肉的。这件事，或许还有其他类似的事情，使他想要从他父亲身边逃开。于是，威利还有他的两个姐妹汉娜和罗莎（Hanna and Rosa）一起选择离开俄罗斯，前往拉辛（Lachine）——加拿大蒙特利尔的贫困郊区。

亚伯兰还不到 6 岁，他的父亲贝雷尔就让他学习犹太教义，想要他以后做拉比。亚伯兰便开始住进了神学院，但那里物质条件糟糕，拉比们对学生野蛮粗暴，这使我祖父有了疏离感。他十几岁时放弃了这一行业。自那之后，亚伯兰对宗教信仰产生了怀疑，选择了一条世俗之路。到 24 岁时，他甚至非法居住在了圣彼得堡，而不是犹太定居点帕莱（沙皇治下允许犹太人居住的区域）。虽然在 20 世纪之初，很多犹太人都如此，但是在帕莱之外居住很危险。我祖父处境危险，于是贿赂了当局，以防止暴露。

亚伯兰进了一家公司工作。这家公司进口埃及的洋葱、土耳其的无花果，他后来声称，这些奢侈品都卖给了沙皇和圣彼得堡的有钱人。有一张照片上，我的祖父与一群工友坐在一起，看上去衣冠楚楚。我从父亲那里了解到的亚伯兰，他会讲故事、油嘴滑舌，是个有趣的人。虽然他更擅长于讲故事而不是从事繁重的劳动，但是和他在一起很愉快。

我祖母莱莎·戈丁（Lescha Gordin）一家也来自立陶宛，他们住在里加附近一个叫达格达的城镇。我的曾外祖父摩西·戈丁（Moses Gordin）是位犹太法学者，他因为能凭着记忆长篇大段地背诵《巴比伦法典》（Babylonian Talmud）而享有盛誉。有一张他的相片，这张相片是在他完全不知情的情况下保存下来的，因为正统的犹太教徒不允许自己拍照。照片上的人身材瘦小，有着飘逸的胡须和锐利的眼睛。他的容貌，我父亲一直认为超尘脱俗，这给索尔留下了深刻的印象。索尔觉得自己的眼睛、面部结构，甚至超强的记忆力，都与他的外祖父很像。

摩西·戈丁有 12 个孩子，不过，他家非常富裕，足以支持他进行宗教研究而不需要他从事那些降低身份的体力劳动。他的好几个孩子,其中包括我祖母莱莎,成年后都搬到了圣彼得堡。莱莎有一个哥哥居住在圣彼得堡之前,还去南非发了财。她还有两三个兄弟经营了一家饭店,就用了家族姓氏戈丁做饭店名称。这表明,虽然他们非法居住的地方生活错综复杂,但是他们却能熟练在体制内操作。

一位媒人将亚伯兰·贝罗带到了戈丁家,那是我祖母第一次见到她未来的丈夫。亚伯兰得先向莱莎的父兄们展示自己的宗教知识,之后才能算是个配得上的追求者。因为曾经在神学院上过学,亚伯兰在这方面很容易让他们印象深刻。而我的祖母,当时躲在帘子后面观看,被这个英俊的年轻人深深吸引。我的祖父母都受到了良好的教育。一贯爱好浪漫的莱莎还喜欢阅读普希金。

1905 年,他们结婚的时候,莱莎·戈丁 25 岁,亚伯兰·贝罗 27 岁。他们的婚礼很豪华。多年后,他们移居拉辛,当时亚伯兰和他的家人经济上极为艰难,他的姐姐们还在抱怨他们的婚礼过于奢华。但在当时,这场婚姻让亚伯兰获得了一笔意外之财,因为戈丁家给了丰厚的嫁妆。这对新婚夫妇住在一幢配有仆人的大房子里。1906 年,他们的第一个孩子泽尔达(Zelda)出生;1908 年,他们的长子莫夫斯卡(Movscha)出生;1911 年,塞缪尔(Samuel)出生。

这个人口渐渐增加的贝罗家庭在乡间有一幢房子,他们夏季经常离开圣彼得堡到这里避暑。虽然亚伯兰还在做进口蔬菜的生意,但他的大舅子们并不认为他有经商的头脑。当他很快用完了莱莎丰厚的嫁妆,还想向他们再要一大笔钱的时候,他们感到很失望。不过,戈丁兄弟,尤其是那位在南非发了财的哥哥,对他们的妹妹和她新成的家非常慷慨。

1912 年,警察严惩了祖父。亚伯兰被判非法居住罪,要不是莱莎的一位兄长安排他们全家离境，亚伯兰差点被放逐到西伯利亚。据索尔说，使他们得以离开沙俄的那些证件是"钱能买到的最好的伪造物"。

他们全家都坐上了同一艘前往加拿大的船，但是因为他们出行的证件是伪造的，孩子们被要求在整个旅途中不要跟他们的父亲打招呼。贝罗一家人在新斯科舍省的哈利法克斯下船，从这里开始了他们的西方化进程。一位移民官将祖父的名字改成了亚伯拉罕·贝娄（Abraham Bellow），泽尔达和莫夫斯卡的名字变成了简（Jane）与莫里斯（Morris）。塞缪尔和莱莎的名字则保留了下来。

这家人失去了在沙俄的物质享受，面对的是新世界充满冒险的生活。我的祖母与她的亲人永远地分离了。我们家在加拿大的亲戚都是贝罗家族一边的。莱莎再没回过沙俄，她极度思念那里的亲人。接到信件告知她一位兄长死于伤寒的消息，莱莎痛哭。大家都说，我的祖母总是很伤心、忧郁。贫穷和移民生活带来的压力使她有着沉重的负担。莱莎既没学法语，也没学英语，这使她更加孤独。在新世界，她阅读了许多用意第绪语写的感伤小说，这些小说常令她泪盈于眶。

到 1913 年，贝娄一家已经住在了蒙特利尔的郊区拉辛，贝罗①家几个兄弟姐妹早已在此定居。在这个充满多元文化的社区，无论是工厂还是街道上，到处都是移民。1992 年，我父亲在他的一篇自传短文《私酒犯之子回忆录》（"Memoirs of a Bootlegger's Son"）中描写了这一场景。不过，家宅之内，贝娄一家保持着在沙皇俄国的习俗，包括他们旧有的宗教仪式与文化习俗。莱莎完全保留了犹太厨房，坚持要求她的子女学习希伯来语、《摩西五经》和音乐。意第绪语是这家人的主要语言，甚至多年后，索尔与他的哥哥姐姐

---

① 原文 Belo，后面基本不再出现。

们讨论重要的家族事务时，都会换回到他们儿时熟悉的语言。

陷入困境的贝娄一家在贫民区租了一小套房子，门前台阶上满是老鼠屎，萨姆和莫里①挤在一张床上。20 世纪 90 年代，家族里有几个人获许可以短暂参观那所房子。我堂姐莱莎后来告诉我，那些房间又小又暗。不久之后，贝娄一家搬去和罗莎、马克斯·加梅洛夫（Rosa and Max Gameroff）一家居住，他们是亚伯拉罕的姐姐、姐夫。罗莎是个目光敏锐的商人，加梅洛夫家的几个孩子都比莫里斯和萨姆大，他们都很勤奋。姑祖父马克斯并不像姑祖母罗莎那样有雄心抱负，不过，他们俩有姑祖母一人的干劲就足够了，这对夫妇很快便开始在城里购置房产了。因为亚伯拉罕无法取得比得上她的成功，姐弟之间的摩擦爆发了出来：一方是缺钱的弟弟，一方是姐姐，她不仅拒绝提供帮助，而且还落井下石。实际上，善良的姑祖父马克斯借给了亚伯拉罕一些资金，让他能够开一家杂货铺。罗莎之所以拒绝提供帮助，是因为她觉得他的搭档懒惰，他们的店铺位置太糟糕。毫无疑问，这家店很快关门了。罗莎对这件事很怀疑，说起话来更加刻薄。除了开过杂货铺，亚伯拉罕还做过其他一些行当，包括废品生意，甚至还做过一小段婚介工作。一切都是那么糟糕，我祖父都想着要去做根本不适合他的种田行业了。不过，莱莎反对过那种乡村生活，她认为那样会让她的孩子们上不了学，也会让她的孩子们远离她所坚持的对文化的追求。

在拉辛，亚伯拉罕无法在经济上取得任何改善。他踌躇满志，有着许多致富的计划，但他不愿意替别人打工，也不能通过做生意养活一家人。我的祖父常常是要么失业，要么打点零工。索尔的

---

① 此处原文为 Sam and Morrie，作者格雷格对两位伯父的亲近称呼。文中如果出现 Samuel，Morris 则会译作塞缪尔和莫里斯，Sam，Morrie，则译作萨姆，莫里。译文视原文而定，不再——赘述。

叙述者摩西·赫索格,在以他的姓氏命名的小说中,描述自己的父亲是一个极有魅力的人,足以将树上的鸟儿诱惑下来。亚伯拉罕富有同样的魅力,但他擅讲故事的能力在圣彼得堡可以随他的意,在蒙特利尔却不行。找不到工作又常常待在家里,他的听众就仅限于他的妻子和几个孩子,他经常在饭桌上给大家讲故事。

贝娄一家本就不稳定的经济状况,因为我的祖父母在如何花费他们有限的收入方面存在分歧而变得更加糟糕。一边是受罗莎·加梅洛夫挑唆、挣扎求生的亚伯拉罕,他是个实用主义者,一心要在新世界发财,想让他的孩子们自己赚钱;另一边是莱莎,她坚持要她的孩子们接受教育、了解文化、获得学识。而这,在亚伯拉罕看来,既费钱又耗时间,是让能减轻他经济与劳动压力的帮手摆脱工作。

亚伯拉罕没能挣得足够的收入,这使他本就反复无常的脾气变得更糟。他经常责怪他的父母没让他生在有钱人家。要是哪天工作辛苦,他回家会给两个儿子一顿打,惩罚他们犯了他认为的错。莫里作为长子,身形上最大也最倔强,默默地承受着父亲的打骂。亚伯拉罕用意第绪语中对应于"矮胖"的词称呼他,目的是要羞辱我的伯父,因为他吃得多,供他吃的花费高。成年后,索尔与萨姆体谅地解释亚伯拉罕的怒气是移民生活的种种失意造成的,而莫里或许有提过,但很少谈论他父亲对他们的那些殴打。

1915 年 6 月 10 日,所罗门·贝娄(Solomon Bellow)出生在了这个家庭。依据索尔讲了一遍又一遍的一个故事(这个故事或许有也或许没有经过他的润色),那时候,我祖母即将分娩,加梅洛夫家的一个小子被派去找那个给他接生的医生。医生是在一家酒馆被找到的,那时他已经喝醉。索尔出生的时候,简 9 岁,莫里 7 岁,萨姆 4 岁。家里住的地方特别拥挤,1 岁以前,他都睡在婴儿车里。

莫里一直自称是他母亲最爱的儿子,但是,一个需要护理的婴儿小弟成了他重要的竞争者。莱莎很宠爱小儿子,他很虚弱,还经常生病。索尔的伯母珍妮(Jenny),他是我伯祖父威利的妻子,也很宠爱索尔。索尔还是小童的时候,珍妮还没有自己的孩子,她经常用带着意第绪语口音的英语给他唱流行歌曲。索尔被认为已经足够大,不应该再睡婴儿车了之后,他就和他的哥哥们睡在了一张床上。这时候,莫里开始报复他的婴儿弟弟,他掐他,踩他的脚趾头、手指头。不过,在外面,莫里很关照索尔,他们之间关系亲密。萨姆虽然在欺负索尔方面也难逃其咎,但他会尽可能地避开家庭纷争。

索尔很喜欢讲那个关于他断奶的粗俗故事,他说他记得那件事。三四岁的时候,他吵吵嚷嚷,表示还想要喝莱莎的奶。亚伯拉罕很生气,解开了自己的衬衣,露出了他那起不了作用的乳头。他这是要让索尔知道,首先,他那么大了,不能再喝奶了,还有,他期望从自己父亲和这个世界获得的,只有不起作用的安慰。还有一次,萨姆病得很重,一直咳,弄得全家人一晚上没睡。这让他们的父亲厌烦,并且咒骂,“干脆让他早些死了”。不过,索尔明确表示,不管怎么样,虽然亚伯拉罕会责骂、殴打他的儿子们,但他也让他们知道他关心他们。

索尔突出了这个家庭的贫困状态,他经常讲这个故事:他们一起走在拉辛的街上,他要他父亲给他买一个冰淇淋蛋卷。我父亲对亚伯拉罕的回应给出了两个版本的描述。在他最常讲的那个版本中,祖父打开了自己的零钱袋给索尔看,零钱袋里甚至连买一个冰淇淋蛋卷要的几分钱都不够。另一个版本中,祖父将硬币藏起来不给索尔看到,但索尔还是在钱包的褶皱里发现了。第一种版本说明贝娄一家人近乎生活于贫困的边缘,而第二种版本则暗示,亚伯拉罕愤恨于养活四个孩子所需要的经济开支。索尔认为家里没有玩具是因为缺钱。不过，家里有一个箱子，里面满是精致的收藏品和衣物，这些都是从圣彼得堡带来的，它们成了贝娄家孩子的玩具。这个箱子代表的是他们在沙俄曾经的富裕生活，里面的收藏物成为索尔想象空间的源泉，他将一种俄式茶壶把想象为一把手枪。

所有的孩子都学习了希伯来语，但是亚伯拉罕开始训练莫里和萨姆，要让他们经商。不过，即便丈夫总是抱怨她花费的每一分钱，莱莎还是坚持家里的资金应该存起来，给适婚的女儿简还有索尔上音乐课用。莱莎非常节俭，她甚至还存了足够的钱，寄了一些给她在俄国的哥哥们，她的哥哥们在1917年革命后处境艰难。

简上了钢琴课，索尔上了小提琴课。他的老师和那时候的所有老师一样，对表现不好的学生会进行体罚。我父亲告诉我，他踢了老师的小腿，这是令人难以置信的挑衅行为，为此，他的父亲狠狠地责罚了他。索尔吸收了他母亲的文化价值观。这种价值观遗传自拥有犹太法学识的戈丁家族。他的语言天赋和惊人的记忆力使他三四岁的时候就能从希伯来语的《创世纪》中引述长篇大段。多年以后，亚伯拉罕告诉我母亲，"家里人在索尔5岁之前，都一直认为他是个天才。"

与许多收入不足的移民家庭一样，贝娄一家也给人提供寄宿。其中有一个人，贝娄一家就只是称呼他为"寄宿者"，他给大家留下了深刻印象。远离他在俄国的家人，"寄宿者"会花时间跟贝娄家的孩子们待在一起，让他们替代自己的孩子。他也会对莱莎推心置腹。他是个孤独的忧郁者，喜欢喝烈酒、逛妓院，他挣的钱都花在了喝酒上，注定了不可能从俄国接出他的妻儿。寄宿者经常喝了酒回来，要么抱怨他的老板，要么用意第绪语唱歌："Ein, zwei, drei，vier，fünf，die vanzen dansen（一、二、三、四、五，臭虫跳舞）。"他唱的另外一首歌，我长大了之后才明白歌词的意思，翻译过来就是："孤单、孤单，只与我的十个手指头孤单着。"

《赫索格》中，在年幼的摩西看来，家里的寄宿者总是醉醺醺、狼狈地回来，大声地唱着歌，吵醒家里人和邻居们。在赫索格母亲的催促下，赫索格父亲穿着从圣彼得堡带来的优质长睡衣，从温暖的被窝里出来，扶着寄宿者上楼，还给他换上干净的衣服。妻子的恻隐之心足以唤起赫索格父亲，甚至让他为了另一个人牺牲掉自己的温暖被窝。即便还只是个小男孩，索尔已经意识到母亲的和善带来的良好影响，她能缓和我祖父的无情。

寄宿者的房租使贝娄家有了额外收入，他们给我姑妈简买了一架钢琴。此前，简表现出了极大的音乐天赋，她甚至假想墙上有钢琴，她在想象中弹奏着。到1920年，简14岁，长成了亭亭玉立的少女，她的婚姻前景成了最重要的事。依据典型的犹太做法，简应该嫁给一个"从事专门职业"的人。为了配得上这样的婚姻，简需要接受一些教养方面的训练，于是她被赋予了一些特权。一旦家里能够支付得起，她便可穿高雅的服装、接受音乐教育。亚伯拉罕最初很蔑视这些奢侈物，但是后来会在贝娄家里宴请客人时，毫不犹豫地炫耀简在音乐方面的成就，以引起客人们的注意。

索尔7岁的时候被误诊患有腹膜炎，他在肺结核疗养院的儿童病房待了半年。用安全别针做的一个外科引流管被放置在了他的腹部。医生们基本对他能康复不抱希望。索尔读了医疗记录，明白自己的病很重。在他周围，不少小孩夜间死了，除了早上看到一张空床，一丝痕迹都不剩。

曾经被他母亲视为掌上明珠的索尔每天早上醒来都渴望家人

的陪伴。此时，周围一个熟悉的人都没有，他感到孤单、无聊。病房里没什么可做的事情，读那些滑稽报纸只要几分钟就够了。有一位女性志愿者给孩子们朗读《新约》，这是他们极少的娱乐方式之一。索尔对这位志愿者印象深刻，她让这个孤独、害怕的孩子接触到了耶稣。索尔偷偷地爱上了耶稣，认为他热爱人类，无怨地承受着痛苦。周围的男孩们都嘲笑他是犹太人，索尔很快认识到，热爱耶稣是件很复杂的事，他最好不让病房里的其他人，也不让他的父母知道。虽然我从未听索尔说过他对耶稣的热爱和他与人沟通方面的含蓄风格之间有什么联系，但我经常想弄明白，耶稣使用那些充满意义的寓言故事是否激励了我父亲偏向于通过故事进行交流。

　　疗养院每周只允许家里一个大人前往儿童病房探病，因此，莱莎和亚伯拉罕轮流搭电车去看他们的儿子。父母两人都提醒索尔要行为规矩，极力要求他哪怕被嘲笑也要控制好自己的脾气。有一次，索尔的哥哥姐姐们虽然不被允许看望他，还是陪着父母一起来了医院。父母离开后，索尔走到窗边，透过窗子看着他的家人。他们尽力想将一包医生不允许他吃的糖果扔给他，索尔便打开了窗户。可是他们扔不进去，之后他们离开的时候便自己分着吃了。索尔讲这个故事的时候带着幽默，这种幽默毫不掩饰他的蔑视，鄙视贝娄一家随时都会变得自私自利。

　　住在疗养院需要一个人情感上变得坚韧。这种坚韧不同于受父亲殴打时的坚强，也不同于被那些不具犹太血统的男孩嘲笑时的毫无怨言。父母来看望他，这提醒着他曾在家里享有的生活，这些来访之后，索尔无疑会感到凄凉。不过，他会装出一副勇敢的样子，只在父母离开之后才会哭。《赫索格》中，索尔写到了这种坚韧、这种抑制住的自怜，他开始觉得，这是日常的移民生活所必须的。年幼的摩西·赫索格被拖进巷子，遭到了性侵犯。受此非难之后，他回了家，喝着他的汤，对此一个字也没说。后来成年了，摩西评论，一个感到畏惧的小男孩根本没有立足之地，"性格脆弱的人必须使自己坚强起来"。

不满意索尔不在家，也担忧索尔康复得太慢，莱莎将他从疗养院接了出来，打算亲自护理，让他更快康复，虽然医生认为这样做不安全。我父亲经常描述他回家的路途：路上，莱莎不让他走路，而是用雪橇拉着他。《赫索格》中也描述了同样的场景。从医院回家的时候，摩西的母亲用雪橇拉着他在雪地里跋涉。有一位老年妇人看到赫索格母亲拉得辛苦，提醒她不要为了孩子牺牲掉自己的精力。摩西很清楚那位老年妇人的告诫，知道自己是在利用自己的母亲，但他却自私地让他母亲继续费力地拉着雪橇。我想知道，莱莎去世十年后，我的父亲是否还在自问，是不是她乐意承担的那些家庭负担缩短了她的生命。

在拉辛待了近十年之后，亚伯拉罕通过合法的方式仍然养活不了他的家人。他在镇子的郊外搭了个棚子，开始向当地人非法出售一些威士忌酒。许多犹太移民在禁酒令时期向纽约州运送朗姆酒获得了更多的利润。亚伯拉罕很快找到了一个雄心勃勃的合作伙伴，那人力劝他将生意做大。不过，为了让威士忌在美国畅销，非法贩卖的酒得先贴上经过验收的合法品牌的商标。亚伯拉罕让人印刷了商标，然后全家人围坐在餐桌边上，给装满便宜酒水的瓶子贴上这些标签，这成了全家人的游戏。每次他问："孩子们，这瓶该是什么牌子的酒，白马牌还是三羽牌？"这会令大家觉得很有趣。

私酒贩子的生活充满了各种危险，这是我祖父未曾准备好应对的。不同于那些大的私酒贩，他没钱贿赂警察、租卡车，无法与纽约建立起可靠的贩卖、运输纽带。受野心驱使，亚伯拉罕和他的合伙人这两个小私酒贩想要将一卡车私酒运过边界线，结果却被出卖了。出卖他们的很可能是他们从大私酒贩那里雇来的卡车司机，因为大私酒贩不愿容忍新的竞争者出现。被劫持又被殴打，亚伯拉罕浑身是血地走回了家，他的私酒生意也从此结束了。

贝娄一家住在拉辛的那些年，贫穷使这个年轻的家庭团结在一起。每个人都尽上自己的一份力，个人的需求遵从于家庭的共同利益。仲冬的时候，5 岁的索尔做的家务活就是去后院，砸碎盐水上的冰，取出里面的腌菜给一家人做食物。作为弟弟，他因为自己也能为共同承担的责任出一份力而极为骄傲，这种大家共同分享责任的感觉，他后来称之为"家庭情感"。

虽然外部世界一片混乱，家庭贫困，甚至他的父亲还遭人殴打，索尔很珍视在拉辛的那几年，每次生活给了他一击，他便会惆怅地回忆那时的光景。伯祖父威利的故事解释了部分的原因。摆脱了在沙俄做毛刷匠的命运，威利在拉辛的一家水果店工作。他工作沉着镇定，水果装袋前，他会当着顾客的面啪的一声打开纸袋。对我父亲来说，那种沉着的姿态象征着新世界提供给移民一种秩序与乐观向上的态度。

我父亲在他家里感受到的深刻情感与归属感在《晃来晃去的人》中有所显示。小说中的约瑟夫还是个孩子的时候，就将给家里所有人擦鞋当成自己的责任。能为他所爱的家人服务，这个孩子感到无比幸福。他有了某种归属感，什么都不能将他从他选定的位置上驱逐走。长大后，给索尔安全感的责任、忠诚及彼此的牺牲成了他不容亵渎的记忆。每当遇到个人困境的时候，我父亲总会回到那种"家庭情感"，这种感觉在他身上如此地强烈，以至于他希望通过他的儿子们将之传至他的孙辈。

　　我父亲说起拉辛就像是在谈论伊甸园,那是一个没有罪恶的地方。《赫索格》中,赫索格父亲在一次失败的私酒生意之后,明显遭受着痛苦的折磨。年幼的摩西感受到父亲的痛苦,受此触动,他在父亲的失败中找到了某种高尚的品质,从而创造出了一个天堂。虽然只是个孩子,摩西明白赫索格爸爸的错误判断及这个判断对他们这个家的存活问题造成的影响。摩西没有背弃他的父亲,而是称呼赫索格爸爸为"我的王",赋予他高贵的身份,认为他只是因为移民的现状而变得卑微。这个儿子不仅对父亲的失败视若无睹,而且还在父亲身上发现令他赞赏的品质而不是同情与责备,因为同情与责备会击垮父子两人。

第二章

失乐园：1924—1937

　　私酒生意的失败是最后一根稻草，祖父离开拉辛去了芝加哥，在他表兄路易·德沃金（Louie Dworkin）的面包店工作。对于一个有远大抱负的人来说，这是落魄了，但要养活四个饥饿的孩子，他没有选择。半年后，1924 年夏天，莱莎和贝娄家的孩子们坐在一辆私酒贩的卡车后面被偷偷运过了美国边界线。他们在底特律坐上了前往芝加哥的火车，亚伯拉罕的表兄路易和表嫂露丝开着敞篷车在联合站接了他们。露丝开车将贝娄一家送到了他们的新家。她是贝娄见过的第一位会开车的女性，这代表着令人兴奋的自由的氛围，我父亲刚踏上芝加哥的土地便感觉到了。

　　在家人与他团聚之前，亚伯拉罕将蓄了多年的胡须剃光了，他外貌的变化刚开始吓了索尔一大跳。因为上夜班干重体力劳动，祖父精疲力竭，差不多每天都是早餐的时间回到家，衣服上沾着白白一层面粉。他一整天都在睡觉的时候，莱莎得让孩子们保持安静，以免惹怒了他，遭到他的殴打。

　　亚伯拉罕和莱莎很快便意识到，美国的生活提供给他们的机会远甚于加拿大。孩子们都上了学，学习成绩优异，贝娄一家安顿了下来。亚伯拉罕很快厌倦了为别人打工，厌倦了面包师的作息时间。莱莎从他挣的钱中攒下了不少，足够他开始自己的生意——给面包房送木材。不久，他开始售卖煤炭。那时候，煤炭刚刚成为家庭取暖的燃料。五年里，卡罗尔煤炭公司为贝娄家提供了可观的收入，那些早年的争论——是出去工作以帮助家里还是去上学，渐渐消失了。

一切皆有可能，尤其在像芝加哥这样完全开放的城市。街头生活很活跃，报纸上满是关于街头帮派流血恶斗的报道，这些让本已爱钻书本的索尔着迷。他告诉我，罗伯特·麦考密克上校（Robert McCormick），他是《芝加哥论坛报》（*Chicago Tribune*）的出版商，是由手提机枪的保镖护送着到达他在密歇根大道上的办公室的。我父亲在短篇小说《勿忘我的念物》（"Something to Remember Me By"）中道出了芝加哥底层生活的吸引人之处。故事中，一个容易上当的少年成了他姐夫的一群街头伙伴下流恶作剧的受害者。

让人随心所欲的芝加哥有着许多快速赚钱的机会，这让莫里很感兴趣。15 岁时，他便已经开始工作，挣的钱全部交给了莱莎。不过，很快他开始从不同角度看问题，并最终建立了一些政治联系，这是亚伯拉罕永远无法想象的。随着他逐渐成为支配资本的专家，莫里退出了他们亲密无间的家，他与索尔之间的竞争变成了他嘲弄他弟弟形成的对高雅文化的兴趣。

索尔要保护自己免受他父亲和总是欺负他的两个哥哥的伤害，这就需要他战胜体力上的不足，获得贝娄家的男人们共同拥有的坚忍不拔的精神。我父亲在逐渐对哈里·胡迪尼（Harry Houdini）和特迪·罗斯福（Teddy Roosevelt）产生的浓厚兴趣中获得了这种精神。这两位著名人士通过严格的训练增强了自己的体力，也坚定了自己的意志。胡迪尼也是同样有着移民背景的犹太人，他练就了一身肌肉。索尔开始定期锻炼，研究并试图模仿胡迪尼的技巧，练习他的那些让亚伯拉罕困惑的魔术把戏。

表面的坚定掩盖了索尔情感方面的软弱。他将他情感上的软弱与他的母亲、与女性联系到一起，觉得自己身上的这种软弱性让他难以忍受。为了克服它，他选择了理性争辩，这使他能提升他高深的智慧、发扬他的能说会道、养成他反复无常的脾气。这样，他就能避开他父亲和兄长的嘲笑。莫里的女儿说，莫里和索尔常常会因字词的意思发生激烈争论，最后要么是莫里要么是索尔跑去查字典才解决，这样的事情持续了好几年。他们兄弟间的竞争是如此激烈，以至于索尔在获得诺贝尔奖的致辞中指出，想要超越他的兄长们是他取得成就的动力。他与兄长们之间的竞争从未减弱过：就在他离世之前（这时候莫里和萨姆都已经去世很久了），索尔还对萨姆的女儿莱莎说："我证明给他们看了。"

不同于索尔和萨姆，莫里讨厌谈论家族的往昔，不过我确定，我父亲在《奥吉·马奇历险记》中对奥吉的哥哥西蒙·马奇的人物刻画，解释了莫里愤世嫉俗的起因。这部关于第一代犹太移民在美国的生活的小说中，西蒙例证了潜藏在美国梦的外表之下的艰辛如何影响了理想主义的青年。小说的前几页中，西蒙是高中致告别词的优秀毕业生，一名雄鹰童子军①，他完全相信这样的观念：

---

① 雄鹰童子军（Eagle Scout）是童子军中的最高级别。童子军最早于 1907 年形成于英国，至今已有百年历史。其宗旨是通过各种实践活动和技能训练培训青少年的身体、精神与智力，帮助他们增长知识，掌握技能，完善自我、家庭以及所在的社区，使之成为有责任感、能自理的公民，能于未来对社会做出贡献。童子军成员的年龄为 11 至 18 岁，可依等级划分归属于初级军（Tenderfoot Scout）、二等军（Second Class Scout）、一等军（First Class Scout）、星军（Star Scout）、生命军（Life Scout）、鹰军（Eagle Scout）五个阶段。他们通过完成每一阶段的技能要求进行晋级。鹰军是最高荣誉，是每一个童子军向往的目标，但要完成鹰军的技能学习和要求需要十分热忱的投入与努力。在美国有 25％的少年加入童子军，但他们中仅有 4％最后成为鹰军。有因为各种原因中途放弃，有未能达到鹰军的要求而停留于生命军阶段。所以，坚持到最后的可谓真正的男子汉。

如果你赞同国家的价值体系并且足够努力，一切皆有可能。他恋爱了，却因为没有足够的财富与社会地位与他恋人的家庭门当户对而被剥夺了追求者的资格，此后，他浪漫的幸福观破灭了。受此重击，西蒙很快吸收了这个中肯的社会教训：如果你有钱，在美好的老美国，一切皆有可能。

莫里有过同样的浪漫想法，经受过同样的失望。我的伯父从中获得了这样的人生启示：即便我的祖母莱莎所代表的那种浪漫都只是傻瓜的游戏。不管莫里曾有过怎样的柔情，他不再向任何人展示它。不过，这很可能促成了他后来的习性：由于商业上获得成功，他给每个人，尤其是给他的小弟，摆出一副臭脸。几十年来，莫里一直骂索尔笨蛋，觉得他让许多他在美国可享有的机会和利益与自己擦肩而过。即便后来我都几岁了，每次去莫里家，我们都会参观他的衣橱。大伯会从衣橱里拿出几套"旧的"西装和衬衣，将它们扔在床上。随后，他会对索尔说："你看上去糟透了。这些都拿走。"而索尔的确就会将这些衣物拿走。到我十几岁的时候，索尔穿的那些礼服衬衣上面都还印有 MGB 的标记，那是莫里全名首字母的缩写。

萨姆成功地避免了与家人之间发生冲突，但却付出了高昂的代价。年轻的时候，萨姆被一所医学院录取，并且就要去上学了，家里人却决定让他做煤炭生意。几十年来，我的祖父是名义上的老板，而萨姆则一直打理着生意，还隐隐约约地镇住了他的父亲。莱莎告诉我，萨姆每天很早就起床，以确保能在祖父之前到达公司，这是因为萨姆不相信祖父生意方面的判断。在萨姆的指导下，生意越做越好。我还记得，20 世纪 50 年代，我曾与祖父和二伯去过几次煤场。我们当时宿在一间沉闷、乌黑的小木屋里，大家围着一个大肚火炉，木屋周围的场地上满是像山一样的煤堆。萨姆将自己比作《奥吉·马奇》中那个智障的弟弟，他有一次说，"所以，我就是那个留在家里的蠢货。"

到了芝加哥后，简仍享有特殊待遇。她有自己的房间，还有一件裘皮大衣。她享受的这些惹怒了她的弟弟们，因为他们一直存有争议的家庭资产现在都挥霍在了他们适婚的女儿身上了。简舍弃了爱情，嫁给了我的姑父查理。查理拥有作为女婿的唯一条件：牙医学位。简欣然迎合了亚伯拉罕和莱莎的愿望，变成了一位中产阶级的妻子和母亲，不惜任何代价地注重外表。

1929 年，索尔就读图雷高中（Tuley High School）时，贝娄一家已经定居芝加哥五年了。煤炭生意让这家人有了宽裕的收入，他们全家也搬到了洪堡公园较富裕的一边。贝娄家的几个孩子都长大了，家里除了祖母莱莎之外的每个人都开阔了视野。在狭小的拉辛，莱莎在旧世界的生活态度一直占着支配地位。但是，正如索尔讲述的那个令人心酸的故事所表明的，她在芝加哥很不习惯。那个故事是关于她坐无轨电车的经历。20 世纪 20 年代，你很容易就能根据临街入口悬挂的大的臼和杵辨认药房。祖母从来都没学会读写英语，她每次坐电车回家，只要一看到臼和杵，就会准备下车，因为贝娄家附近有这样的臼和杵。索尔不得不一次次地告诉她还没到家，而祖母听了之后会坐下，但是一看到下一条街口悬挂的臼和杵，她又会立刻站起来。

索尔十几岁时，有两种互相矛盾的力量对他发挥着作用。他如饥似渴地阅读，闲暇时间都待在图书馆，像海绵一样吸收着各种书本知识和观点。另一方面，街头生活吸引着他。说到街头智慧，索尔的朋友萨姆·弗雷菲尔德（Sam Freifeld）对我父亲产生了巨大影响。萨姆的父亲本杰明·弗雷菲尔德（Benjamin Freifeld）与政府关系密切，他拥有一家台球厅，两个男孩子会在那里度过闲暇时光。本杰明终生要坐在轮椅上，一定程度上，他将生活的复杂概念与生活热情融为一体，这深深地吸引了索尔。我父亲告诉我，萨姆的父亲是《奥吉·马奇历险记》中威廉·艾洪的原型。奥吉描述艾洪是一位"长者"，他将这个易受影响的小伙子纳入羽翼之下保护，教会了他很多有价值的人生经验。

艾洪是索尔称为"现实导师"的一系列男性的原型，他们遍及他的生活与小说中，他们或是真的或是标榜了解这个世界如何运作。奥吉·马奇是一个渴望了解世界的年轻人，他会时而听从这个人时而听从那个人的人生安排。我父亲的整个一生中，每遇到他无法理解的事情，或是每当他不想应付他的作家生活时，他也会向别人寻求意见。不过，尽管这样的关系常会持续好多年，但大多数的"现实导师"和他们提出的想法都迟早会变得不再令人满意。但索尔对威廉·艾洪的人物塑造极为突出，因为艾洪守护着奥吉，给这个易受影响的年轻人提供了理解生活的榜样；那些书本中的抽象观念，用于生活实践时总是那么令人失望，那就要摆脱它们。亚伯拉罕也守护着索尔，但是一位移民父亲无法向那个拼命想了解美国生活的儿子提供生活的经验。

到 1932 年，索尔高中毕业的那一年，经济大萧条对美国的影响已经极为严重。激进的政治观点开始受欢迎，尤其受到犹太移民的欢迎，因为他们在旧世界无法自由表达自己的想法。这种受到卡尔·马克思、俄国革命，尤其是列夫·托洛茨基（Leon Trotsky）的理想主义影响的乐观思想深深吸引了索尔和他的朋友们。索尔沉迷于左派观点，这使他直接与亚伯拉罕之间产生不和。虽然在沙俄政府统治下，亚伯拉罕经受过生活的艰辛，但他却坚决反对共产主义者。父子之间爆发了激烈的争吵，有些争吵是因为他们政治观点相左。这样的争吵持续了几十年。

因为图雷高中有一股促动左倾派系的政治意识存在，洪堡公园附近地区都沸腾了。索尔参加了各种集会和辩论，但他永远都不会乐意全心全意地致力于任何一个派系。列夫·托洛茨基的《俄国革命史》（*A History of the Russian Revolution*）刚刚出了英文版本，在马歇尔·菲尔德（Marshall Field's）销售，这是芝加哥鲁普商业区的一家大型百货商店。《俄国革命史》销售很旺，这让我父亲的朋友鲁迪·拉普（Rudy Lapp）和据说是他隶属的斯大林党派感到担忧。那个时代充满着政治狂热，托洛茨基分子与斯大林主义者之间关于在苏俄之外拓展革命成果的问题产生了激烈竞争，与之步调一致，鲁迪的同志们发起了一项直接的行动，并且分配给鲁迪任务，要他去闹市区偷《俄国革命史》还没卖出去的书册，很可能是为了阻止它们落入那些"错误的人"手里。鲁迪成功地完成了任务。

在洪堡公园和图雷高中，索尔周围都是才华横溢的年轻人，他们在充满激烈竞争意味的口水战中锤炼自己的思想。这群年轻人中的第一人是艾萨克·罗森菲尔德（Isaac Rosenfeld），他还只是个穿着短裤的 13 岁少年时，就在图雷哲学俱乐部就尼采做了一次令人印象深刻的讲座。艾萨克比索尔还不谙世事，因为他能理解那些复杂的理念并拥有清晰表达它们的超凡能力，大家对他极为赞赏。艾萨克起身开口之际，索尔便与他成了密友，他们彼此吸引，都渴望洞悉生命的奥秘。艾萨克后来上了芝加哥大学，又进了威斯康星大学研究生院继续钻研哲学。他也爱读小说，和索尔一样有进行创作的抱负。奥斯卡·塔尔科夫也毕业于图雷高中，他比索尔和艾萨克低了几届，他考上芝加哥大学后，跟艾萨克和索尔走得很近。索尔与萨姆·弗莱菲尔德上图雷高中之前就是好友，但是萨姆对哲学理念的热情并没有那么强烈，没有得到索尔、奥斯卡和艾萨克的重视。

图雷高中的这个小团体在文学方面也见多识广。想方设法弄到了一份被禁止出版的詹姆斯·乔伊斯的《尤利西斯》的复印件，索尔和他的同学们很快就读完了，还在众人间传阅。这本书的出版禁令刚被取缔，图雷高中的文学杂志《图雷书评》上就刊发了一篇评论。

西德尼·哈里斯（Sydney Harris）是索尔的同班同学，后来成了芝加哥多家新闻报纸的专栏作家，他与索尔一样热爱文学。他们空余时间会一起阅读，给对方朗读，一起在哈里斯家的餐桌上创作。哈里斯太太对他们特别纵容，不只是提供给他们一个写作的地方。西德尼曾向他的伙伴炫耀他很粗鲁地跟他妈妈回嘴，这让索尔极为震惊，因为他要是敢那样，肯定会被我祖父一顿打。最终，索尔和西德尼对创作的共同热爱使他们合作创作了一部他们自认为值得出版的小说。他们设计了一个计划：一个男孩去纽约，找人出版他们的书。他俩投币扔正反面决定，西德尼赢了，让索尔发誓不会说出去之后就坐上了东去的列车。哈里斯太太因为西德尼不见了吓坏了。她很自然地怀疑索尔会知道些什么。第一轮审问中，索尔一直保持缄默。但是几天之后还一直杳无音信，警察介入了。莫里此时已经与芝加哥警察之间有了良好关系，他借机恐吓了他的小弟。莫里告诉警察，索尔和西德尼是好朋友。之后，警察对索尔进行了严厉的盘问，他最终不得不告诉他们西德尼的位置。他们写的那本书从未出版，但索尔和西德尼很多年间一直保持着既是朋友又是竞争对手的关系。高中要毕业的时候，西德尼向鲁迪·拉普透露，索尔"并不具备"一个作家"应有的能力"。

索尔加入了图雷田径队，这是他早期努力强健身体计划的延续。他绕着洪堡公园里的湖跑步训练。即便是到了晚年，索尔还是热爱跑步。20 世纪 50 年代后期，我和他在纽约市 76 号街上赛跑。我们从西区大道拐角处出发，开始冲刺，不断地绕开那些垃圾桶，一直跑到位于滨河大道的塔尔科夫家，两个人都是上气不接下气。我到了 16 岁才能在跑步方面赢过他。

有一次索尔去鲁迪家，拉普先生和太太以为索尔不懂意第绪语，便谈论起了索尔的长相。拉普先生特别提到索尔长得英俊，但是拉普太太却说，恶魔同样也很英俊。她的评价深深刺痛了索尔，因为他觉得鲁迪的母亲在他身上看到了邪恶。索尔有一次与鲁迪散步路过一家路边照相亭，鲁迪拿定主意，他们应该一起拍张照。索尔对自己照片上的样子不满意，便刮花了照片中自己的脸。鲁迪付了拍照的钱，他坚持留下那张照片，一直保存了六十多年。即便是过了几十年，鲁迪似乎仍然没能明白，索尔其实是因为虚荣心受到伤害才会将自己从照片上抹去。

贝娄家的男人们都有虚荣心，他们总觉得自己比其他任何人都更英俊、更聪明。这种明显的优越性经常使他们在遇到令他们不快的规则时，要么篡改要么违背，却还认为自己很有道理。萨姆对这种自我赋予权力的感觉还不是那么强烈，亚伯拉罕、莫里和索尔则无视社会成规，会毫不掩饰地鄙视那些与他们观点相左的人。遇到反对的意见，我祖父的惯常做法就是在面前摆摆手，并且说"feh"，表述的意思却各不相同：我不赞同你的想法；你错了；你不懂；无稽之谈（或者更糟）；讨论结束。但是，随着四个孩子几乎全部成年，他在他们面前的权威慢慢消失，我的祖父加倍地要求他们顺从他，直接高声要求他们尊敬他。对此，莫里斯和索尔公然反叛，而简和萨姆则平静地想怎么做就怎么做。

莱莎在 20 世纪 20 年代晚期被诊断出患了癌症。虽然做了乳房切除术，我祖母的癌细胞还是扩散了。到了 1932 年，显然她已经到了癌症晚期。他母亲的精力日渐消失，索尔每日高中放学后就会直接回家陪伴母亲。有一次，莱莎向索尔透露，她的丈夫在身体上背叛了她。为了说明这一点，她给索尔看了她胸部乳房切除术留下的疤痕。在莱莎疾病久缠的日子里，亚伯拉罕不得体地表达了他对其他女人的兴趣。当这个丢脸的消息传回家里的时候，索尔本就因为他的父亲对母亲不忠而气愤不已，此时他的愤怒爆发了出来，他们父子之间发生了激烈的争吵，虽然我很怀疑，争吵过后，他们俩的想法会有任何改变。

在她生命的最后几周里，祖母一直卧床不起，并打了麻药点滴。索尔在《勿忘我的念物》中描写了莱莎久缠于身的病、所有贝娄家人的伤心。故事结尾处，一个年轻人穿着裙子悄悄溜进了家，这完全是因为他姐夫的朋友们对他恶作剧。刚刚觉得没被人发现，松了一口气，迎接他的却是之后回家的父亲无言地给了他一巴掌。这一巴掌代表的是一个男人松了一口气，因为他身患绝症的妻子又熬过了一天。

莱莎 1933 年二月去世，享年 53 岁。葬礼上，17 岁的索尔此时已经怀抱着文学创作的抱负，热切地与家族的一位朋友——这位朋友从事报纸业——谈论着写作。这位客人觉得索尔没有对他故去的母亲表现出足够的敬意，他向亚伯拉罕表达了他对此的不赞同。亚伯拉罕后来骂了索尔，说他丢脸，因为他那时竟然将他的文学梦想看得比他的悲伤还重要。后来的许多年里，我们经常谈论死亡的时候，索尔总会悲伤地提到莱莎的早逝，那样的悲伤就好像是他刚刚失去她的感觉。

莱莎的离世消除了对贝娄家庭中正孕育的自私自利的最后限制。此时的贝娄家已经确立了稳固的社会地位。亚伯拉罕公然表示自己的性需求得不到满足,他要着手找新一任的妻子。索尔和亚伯拉罕两人都还没有恋爱对象,莫里其时正与玛姬(Marge)约会。作为家里的幼子,我父亲周六与人相约时很少使用家庭拥有的唯一一辆汽车。祖父很快就与一位新近守寡的女人结了婚,我们都称她为范妮大婶。莫里和玛姬 1934 年的结婚照上,范妮大婶与亚伯拉罕并肩坐在前排,占着原本属于莱莎的位置。莫里斯称自己的婚姻是一段无爱的婚姻,他为自己选择这段婚姻提供的合理解释是,他可以吸收玛姬的嫁妆中的投资资本。简嫁给了一名牙医,成了家。受父所迫而不得不放弃从事医疗职业的萨姆成家后,继续从事煤炭贸易。贝娄家的自私自利在索尔身上以另一种形式呈现:他对写作不同寻常的追求。

索尔高三念了一个学期就毕业了,之后在专科学院上了一学期。1933 年秋,他成为芝加哥大学新生,并搬去了海德公园附近居住。索尔深感沮丧,他隐约感觉学术界不是他所需要的,他完成不了许多的课业。他读了很多他喜爱的书,在雷诺兹俱乐部打台球,成绩不好。在海德公园,索尔遇到了许多年轻人,他们的态度和行为都特立独行。这群人中包含了贝特丽丝·弗里德曼(Beatrice Freedman),大家亲切地称呼她为毕比(Beebee)。我父亲这时还没有遇到我母亲,但毕比是索尔妻子的表姐和幼时玩伴,后来也是我们生活中的重要成员。

毕比喜欢那些浪漫的想法,特立独行,有戏剧天赋。她会跳舞、画画,喜欢将现金放进冰柜,因为那些终究是纸币①。索尔总爱讲述他们之间的一次长谈。他俩站在毕比寄宿公寓外面寒冷的门廊下,毕比忘了严寒,赤足站着。他用这件事,还有其他有关她给她的第一任丈夫灌输创新性兴趣却无果的事情,试图说明毕比对

---

① 原文为 lettuce,为蔬菜莴苣之意,美语中也有钞票之意。此处有一语双关之妙。

真实世界关注不多。后来那些年,索尔批评拥有过度浪漫想法的女性时,称毕比为"异想天开的女孩"(fey girl),他用这个贬义词指那些无视理性、过度偏重幻想的女性。

莫里和玛姬搬到了芝加哥市的南边,距离索尔上了两年大学住的地方很近。索尔会去他们家用晚餐,餐后会在一个房间里读惠特曼的《草叶集》。玛姬对于索尔能花那么多时间只读一本书感到极为困惑。我父亲后来解释说,"不然我怎么办?去另一个房间,跟莫里和他的那些政治密友们玩纸牌?"

索尔大二的时候,卡罗尔煤炭公司的一名雇工工作中死了。我祖父没有给他买意外险,而且保险政策已经失效,因而这次事件造成了公司巨大的财政危机,迫使索尔上大三之前不得不搬回去住。情绪低落,又没有明确的学业方向,索尔在芝加哥大学里踌躇挣扎着。索尔去位于芝加哥南部的校园需坐很长时间的高架电车,他一句一句地反复阅读巴尔扎克和托尔斯泰的作品,想看看自己是否可以对这些语句进行修缮。索尔常常对我说,他那是在给自己上写作课,这是任何文学方面的学术训练都做不到的。

亚伯拉罕毫不掩饰地质疑自己儿子的文学追求是否具有实用性,这让本就情绪低落的索尔更加萎靡不振。他强迫幼子放弃大学教育,要他回去从事煤炭贸易,拿一份稳定收入。索尔对此表示拒绝,亚伯拉罕便言语恶毒地嘲笑他和他的那些书呆子朋友。在写给奥斯卡·塔尔科夫的一封信中,索尔反复说到我祖父声称自己读过像陀思妥耶夫斯基和托尔斯泰这样伟大作家的俄文著作,但索尔指责他并不理解那些作品的文学意图,而文学意图对于索尔和他那些处于青春期晚期的朋友们是那么重要。

因为计划 1935 年秋转入西北大学,索尔要为之做准备,便在芝加哥大学学习暑期课程。这期间,他仍然坐长时间的公交上下学。有一位年轻女士也会在每天早上乘坐高架电车。索尔仰慕了她好几个星期，最终才找到勇气走向她。安妮塔·戈什金是从伊利诺伊大学厄巴纳分校来的转学生。她搬回了芝加哥（父亲去世后，她家境拮据），也要来回乘坐公交上暑期课程。他们的第一次约会是去大学附近的密歇根湖游泳。那年秋天，索尔成为西北大学学生，但他还继续和安妮塔约会。彼时，安妮塔还是乘坐电车来往海德公园。她很快就喜欢上了那里的左翼政治活动的氛围，喜欢上了索尔的朋友们。

戈什金家族是克里米亚移民。1905 年，日本在军事上战胜沙俄后进行了种族大屠杀，他们在那之后离开了克里米亚。我的外祖父莫里斯最先离开，他在印第安纳州的拉斐特安顿下来，距离他们大家庭中的成员们很近。1908 年，我的外祖母索尼娅和他们的四个孩子抵达纽约市附近的埃利斯岛。我母亲生于 1914 年，她的名字安妮塔用的是索尼娅的姐姐的名字。索尼娅的姐姐原是一名护士，死于一根受感染的针头。安妮塔是外祖母停经前生的最后一个孩子。她出生的时候，她大哥杰克 19 岁，大姐凯瑟琳 16 岁，二姐艾达（Ida）14 岁，二哥马克斯（Max）10 岁。

莫里斯的父亲，家里人叫他贝利尔·摩西（Beryl Moshe），在安妮塔 5 岁之前一直住在她们家。曾外祖父戈什金有着白色的大胡子，看上去很明显是亚洲人，莫里斯也是，安妮塔没有那么像。他超脱尘世的外貌和他的那些"昔日沙俄"的习惯，例如吐一口吐沫以避开鬼怪，给安妮塔和她的表姐毕比留下了深刻的印象，令她们深受启迪。毕比家离他们家很近，经常去他们家。贝利尔·摩西令索尼娅恼怒，因为她不得不忍受他随地吐痰，而且在他活着的那些年里，家里得操持得符合犹太教礼。贝利尔·摩西经常与安妮塔一起去街上买糖果，或者去家附近的公园。因为他已经变得有些糊涂，艾达后来开玩笑说，没人确定到底是贝利尔·摩西照顾着安妮塔，还是4岁的安妮塔照料着贝利尔·摩西。

索尼娅·格达斯金·戈什金（Sonia Gadaskin Goshkin）成长的家庭让男孩女孩都接受教育。作为拥有自由观点和坚强个性的女性，索尼娅坚持让她的孩子们，尤其是她的女儿们，接受良好的教育。她的丈夫莫里斯是一个内敛、善良、温和的人。他是送奶工，每天凌晨3点起床，这样才能在早餐前将新鲜的奶制品送至拉斐特的家家户户。后来，家里的牛奶业扩大了，他们还拥有了一家冰淇淋店。莫里斯1931年退休的时候，我的外祖父母和当时16岁的安妮塔搬到了芝加哥。戈什金家好几个孩子都住在芝加哥，我外祖父三年后在这座城市去世。

我大舅杰克离家上大学的阶段与一位叫艾娜（Ina）的女士结了婚，还生了个儿子，取名小杰克。小杰克是我戈什金这边的亲戚里，唯一的第一代表兄。不过索尼娅不赞成杰克娶了这个异教徒妻子。因为他爱发号施令的母亲施加压力，杰克与艾娜离了婚。他从法学院毕业后，又回到了老家拉斐特。他在这里生活了20年，一直到1946年他51岁罹患癌症去世。凯瑟琳和艾达20世纪20年代的时候都上了大学。她们俩后来还都获得了图书馆学的硕士学位。她们拥有非常强烈的独立意识，以至于两个人都终身未嫁。她们自豪地保持着"戈什金小姐"的称谓。任何人如果试图用"女士"这一政治上正确且流行的称谓称呼她们，她们都会纠正那些人。她们两人都在公共图书馆工作，退休后的那些年都在纽约度过。马克斯当了机械师，一直住在家里。他与一位自诩伟大文化人的钢琴教师结了婚，之后才搬出了家。与索尼娅一样，埃丝特·伯杰·戈什金（Esther Berger Goshkin）掌管着家庭。20世纪

40年代后期,她与马克斯搬到了洛杉矶,表面上是为她的健康考虑,但很有可能是因为埃丝特想要取代索尼娅对她自己丈夫的影响。

1932年夏,也就是安妮塔17岁这一年,她们姐妹三人和表亲艾瑟尔(Ethel)借了我大舅杰克的哈德森汽车,进行了一次露营旅行,她们一直向西走到了黄石公园。此时是经济大萧条的初年,四个女孩子没有男性陪同,驾着车在全国各处转,这是相当危险的,更不用说她们还露营。她们中仅有两人会驾车,安妮塔是其中之一。她对这次的冒险经历是那么自豪,以至于她的余生里一直将一张她们四个露营者在哈德森汽车前面拍的照片放在钱夹里。

安妮塔家里经常聚集一些社会主义者,她们家也强烈地致力于左翼事业。她本人加入了芝加哥大学的一个托洛茨基派圈子。她很自豪地讲述了那个晚上她和奥斯卡·塔尔科夫被捕的经历。他们当时在一家钢厂附近举行了一场支持工会的示威活动,被捕后整个晚上被关在了印第安纳州加里镇的监狱里。那段时期,政治主宰了人的生活的方方面面,包括个人的爱情生活。奥斯卡是个托洛茨基主义者,他当时约会的姑娘是斯大林派的成员。两个派系都要求自己的成员结束这场恋爱关系。这对恋人最后一起吃了顿牛排,便遵从各自派系的意思分了手。

20世纪40年代早期西莉亚·卡普兰(Celia Kaplan)和她丈夫搬到了海德公园。索尔说,在西莉亚·卡普兰加入这里的托洛茨基派的圈子之前,安妮塔是参与圈子讨论的唯一女性。西莉亚的丈夫哈罗德·"卡皮"·卡普兰(Harold "Kappy" Kaplan)告诉我,他们的讨论中,男人们热衷于讨论理论的精点,安妮塔则会关注直接行动中的实际问题。几十年后,我母亲带我去芝加哥大学参加入学面试,她当时极为自豪地将我带到了社会科学楼的大厅。她曾在这里一小时卖出一百多份托洛茨基派的期刊《演说》（*Soapbox*）。索尔为该期刊撰写过文章。

及至 1936 年，索尔和安妮塔都住在了芝加哥的北部，他们约会的次数更多，还经常在劳伦斯大街上的阿拉贡舞厅跳舞。某个周六的晚上，索尔借了他父亲的车和西装。后来亚伯拉罕在自己的西装口袋里发现了一盒避孕套，很显然安妮塔和索尔有了性关系，由此而来的是家里的一大通争吵。

索尔在西北大学开始专心学习，并在那里主修了英语与人类学，完成了学士学位所需课程的要求，以优异成绩毕业。但在埃文斯顿，他也品尝到了反犹主义，就因为他是犹太人，他想与女生联谊会的一个姑娘约会被拒绝了。西北大学的犹太人很少，但是人类学系对犹太人相对更加宽容一些。索尔师从梅尔文·赫斯科维茨（Melville Herskovits）教授。教授赞成他申请威斯康星大学的研究生院。

1937 年秋，索尔在麦迪逊开始了研究生阶段学习，他当时与艾萨克·罗森菲尔德住在一起。他住在外面的那几个月里，索尔的衬衣都送回家，由范妮大婶负责洗。每次她将这些衬衣送还给索尔的时候，总会在其中一件衬衣的口袋里放上 5 美元。索尔那时候很可怜。安妮塔那个学期在芝加哥大学的社会工作学院开始了她的学习，索尔毫无疑问特别想她。他同时还不时地跟他父亲争吵。索尔的父亲可以理解接受大学教育，但接受研究生教育则是他不能容忍的了。因为他觉得那没用，还浪费时间和金钱。最主要的是，索尔对人类学不再抱有幻想。一位教他的教授发现了他对写作的热情，评价他的论文不像是学术性作业，倒是充满了短篇小说的味道。我父亲假期回芝加哥过圣诞节，之后再也没去麦迪逊。1937 年的新年前夜，索尔、安妮塔，还有他俩的朋友赫布·帕辛、科拉·帕辛（Herb and Cora Passin）一起私奔了。这两对恋人的婚礼以"节日庆祝"的方式，在一家中餐馆吃了顿晚饭结束。艾萨克承担了将索尔的衣物、书籍送回芝加哥的任务。

索尔陷入了困境。他不想遵从亚伯拉罕的意思去做煤炭生意，他对学术界也没那么感兴趣，而且他还强烈地渴望写作，虽然他也说不清楚这种渴望是否成熟。索尔到底是多早决定实现他的文学抱负的，这在他后来的中篇小说《真情》中有所暗示。小说中的中心人物哈里·特雷尔曼70多岁的时候，终于姗姗来迟地向他高中的女友艾米·伍斯特林求婚，想要纠正他此时认为是自己犯的错，因为他曾拒绝接受艾米所代表的中产阶级生活。不过，艾米却实事求是地提醒哈里，他在18岁的时候已经确信，为了实现理想，他需要潇潇洒洒度日。他当时非常充分地设定了自己的抱负，它们完全超越了他对她的爱。

索尔选择追求文学，在他看来，是莱莎去世后盛行于贝娄家的自私自利特征在他身上的表现。在拉辛，贝娄一家人相互为彼此做出牺牲。我相信，索尔对比了那时与现在的生活，在对比中，他感受到在芝加哥有了十多年的物质成就后，他和整个贝娄家都失去了曾经纯真的乐园。

这种失去包含很多方面。首先他失去了母亲，然后他失去了家：18岁的索尔无法与他反复无常的父亲和他的新妻子一起生活。但他失去的最重要的，是莱莎在世时营造的家庭共同利益感。直到20年后亚伯拉罕去世，索尔才完全认识到他失去的到底是什么。他父亲还活着的时候，索尔一直希望能穿透亚伯拉罕彬彬有礼的面具，触及他想找寻的爱。不过，我父亲一直不清楚的是他父亲厌恶他的温和与脆弱。我祖父1955年去世，我父亲所失去的内容中又多了一项：他还是小男孩时，曾故作天真地将一个因失败而跌入尘埃的父亲抬升至了英雄的位置。

索尔在他父亲去世不久后写的《只争朝夕》中,最为清楚地表现了这种天真的丧失。叙事者汤米·威尔赫姆渴望成为一名演员,虽然他并不适合这个职业,因为演员必须将自己的情绪隐藏在惯常的戏剧面具之下。汤米的父亲艾德勒医生比儿子更像个演员,他能完美地控制自己的情绪。绝望的汤米做了最后一次绝望的尝试,试图穿透艾德勒医生的社会面具、触及他的心灵。汤米哭诉着因为母亲去世,他们失去了天伦之乐,指责艾德勒医生因为他母亲去世而觉得解脱。自己的麻木不仁被抓了个现行,艾德勒医生仍然毫不让步,只说了些家常话。汤米又一次没能从父亲那里激起任何的人类反应,他自问自己是否错误地将过去的生活浪漫化了。预料到自己的未来不容许他有幻想,汤米需要哀悼他所失去的种种。于是,他晃荡到了一场葬礼上,那里谁也不认识他,却让一个成年人可以毫无顾忌地大哭上一场。

第三章

与安妮塔的吉卜赛式生活：1938—1943

在我母亲的晚年，她数过跟索尔一起拥有过多少个家。她和索尔一起生活了 15 年，按她的计算，他们一共有过 22 个家。自索尔 1952 年离开她到 1985 年她去世，她这些年间一共只有两个住处。这与之前的那么多个家形成了鲜明的对比。

索尔觉得，婚姻可以改变他与亚伯拉罕的状况，但他父亲并不这么想。他们的婚礼之后，索尔和安妮塔拜访了他的父亲和范妮大婶。索尔说了什么惹怒了他的父亲。像往常一样，亚伯拉罕举起手就要揍自己的儿子，但是索尔一把抓住了他父亲的手，并扬言："我都结婚了，爸。你再不能揍我了。"祖父从此后确实没再揍过索尔。但索尔的婚姻并没有令亚伯拉罕改变他的粗蛮。出于中产阶级家庭的礼貌习惯，亚伯拉罕和范妮大婶邀请了索尼娅和凯瑟琳·戈什金还有索尔和安妮塔这对新婚夫妇，周日共进午餐。很有可能不满他的客人态度开放，亚伯拉罕吃完了就一声不吭地起身，躲到了旁边一间封闭的门廊。众目睽睽之下，他躺下来，用一张报纸盖在脸上，睡觉了。正派的戈什金家的女眷看到他如此粗野的行为，惊讶得说不出话来。索尔和安妮塔非常尴尬。

这对新婚夫妇没有收入，也没地方住。索尔没有工作，安妮塔还是全日制学生。他们搬进了戈什金家,索尔暂时默许了他父亲施加的压力,在家族的煤炭公司工作。安妮塔说,他在寒冷的天气里,不得不一大早就起床去工作,他很快就放弃了这份工作,因为他想从事写作。本就已经拥挤的戈什金家里住着丧偶的索尼娅、从事法律工作的大舅杰克、我的两个做图书管理员的姨妈凯瑟琳和艾达。这个热闹的地方充满了各种社会主义倾向,经济大萧条时期的政治、哲学和文学的话题经常会被拿出来讨论。

索尼娅支持女婿文学上的追求。每天早上,安妮塔去了学校,其他人都去工作了,索尔会在后面一间房间里的桌旁写作。他和他的岳母变得亲近起来。他们之间那么亲近,以至于我外祖母夸赞他高中时期的好友兼对手西德尼·哈里斯发表的一篇文章时,他很受伤。索尔那时候羡慕不已,而且对此一直表示羡慕,甚至在他85岁高龄时,他还向我抱怨:"你外祖母一直不停地说他取得了多大的成功。而我就在那里,满是才情,可索尼娅却一直在说着哈里斯。"奥斯卡·塔尔科夫猜测,索尔那么爱索尼娅,那是因为他不久前失去了母亲。莱莎一直都鼓励儿子的学术才能,在她的世界里,那意味着儿子将来会成为拉比。我怀疑,索尼娅支持索尔创作的渴望与莱莎的鼓励如出一辙。

过了九个月,到1938年秋,安妮塔和索尔在海德公园找到了一处公寓,与瓦斯利基·罗森菲尔德(Vasiliki Rosenfeld)、萨姆及罗谢尔·弗雷菲尔德夫妇(Sam and Rochelle Freifeld)、奥斯卡及伊迪丝·塔尔科夫夫妇、赫布及科拉·帕辛夫妇、海曼及伊莱恩·斯莱特夫妇(Hyman and Elaine Slate)、毕比和彼得·申克(Peter Schenk)离得很近。这些朋友和芝加哥大学周围的居民区形成了富有启发性的知识分子氛围。随着莫斯科的审判,斯大林巩固了他对共产党的掌控,这加剧了斯大林派与托洛茨基派的争论,使其达到了顶点。希特勒越来越好战,西班牙内战形成了佛朗哥与西班牙共和军的对立。索尔他们的朋友中,有好几位加入了林肯旅[1],奔赴西班牙战场并牺牲在了那里。每次安妮塔想起他们,都会热泪盈眶。

安妮塔一直觉得写作很难,所以她在研究生阶段的学期论文,大多数都是索尔写的。想获得硕士学位必须要完成一份毕业论文,安妮塔对此感到气馁,便放弃了社会工作专业的研究生学习。她在芝加哥的救济管理局找到了一份工作。她的工作是给芝加哥南部社区发放救济基金,每周可以挣到 25 美元,在当时是一笔巨额的收入。安妮塔和索尔都告诉我,他们过得非常优裕,因为他们只要想吃,就能吃上 25 美分每磅的牛排。索尔租了一小间工作室,他可以在那里写作,还在裴斯泰洛齐-弗洛贝尔师范学院(Pestalozzi-Froebel Teachers College)教授几门课程。他会从公共事业振兴署的作家规划(WPA Writers Project)中接几份简单的工作,也参与了芝加哥大学的"西方世界的伟大著作"项目的编撰工作。那些编辑不断地换视角,据安妮塔说,索尔不得不四次阅读《战争与和平》,每一次都要换一个不同的视角。

在关于作家与写作的《随谈录》(Shop Talk,2001)一书中,菲利普·罗斯描写了索尔早期的文学发展,尤其是我父亲认为超越了他的根的必要阶段。据罗斯描述,索尔对那些伟大的欧洲文学大师——巴尔扎克、陀思妥耶夫斯基、卡夫卡——非常着迷。他认为他那时候局限于芝加哥的狭小空间,还有他拥有作为犹太移民的背景,他尝试与这些方面保持距离。

---

[1] 林肯旅全称 The Abraham Lincoln Brigade。西班牙内战(1936—1939)期间,来自于 52 个国家约 40000 名男女,其中包含了 2800 名美国志愿者来到西班牙,加入国际纵队对抗法西斯主义。美国志愿者们服务于多个分队,他们被集体称为亚伯拉罕·林肯旅。

索尔还积极地使自己疏离家庭传统，并坚持向贝娄家的人明确安妮塔作为职业女性的地位。这对新婚夫妇属于激进分子，他们拒绝庆祝正式的宗教活动，不遵守犹太教规。我的大伯母玛姬描述过亚伯拉罕的焦虑，那发生在他去过索尔和安妮塔在海德公园的家之后。玛姬和莫里那时住在附近，我祖父怒气冲冲地去了他们家，对玛姬说，"给我做个带壳的鸡蛋。"言下之意，这是他在他们家唯一能吃的，因为他们也没有按照犹太教规那样生活。亚伯拉罕吃了鸡蛋后说他竟然在我父母的冰柜里发现了火腿，他对此表达了自己的憎恶。索尔无视家庭习俗的行为一直持续着。十年后，我们住在明尼阿波利斯，索尔在犹太人的节日赎罪节（Yom Kippur）那天去了芝加哥。让除了萨姆之外的所有贝娄家的人懊恼的是，索尔借了家里的车，开去了芝加哥南边看望朋友，而贝娄家族的其他人则依据犹太律法的规定，步行去了犹太教堂祈祷。

我父亲想要创作的欲望始终让亚伯拉罕感到不理解。相比较而言，他更容易理解莫里在商业方面超过自己，却怎么都不明白索尔为什么追求一种致力于文化的一贫如洗的生活。几十年后，在索尔的诺贝尔获奖致辞过程中，我姑妈坐在前排睡着了。回酒店的路上，索尔大发牢骚，说简的态度典型地代表了贝娄家族对他投身文化事业的态度。

虽然我的父母声称，他们不注重社会习俗，但他们却不可能完全不受其影响。一次，他们去戈什金家，奥斯卡·塔尔科夫、索尔、安妮塔坐在门廊那里吃西瓜，将西瓜子吐在了邻居家的院子里。后来，那天晚上，索尔不得不在易怒的邻居向我外祖母抱怨自家的院子被弄得一团糟之前，于黑暗中趴在地上一颗颗地将西瓜子捡起来。

安妮塔和索尔在 1937 年拍过一张照片，这张照片被火烧过，照片上我的父母那么漂亮，他们两人在余生中都很珍惜它。但是不久之后，索尔就开始喜欢上了婚外情。作为他们左翼政治信仰的一部分，索尔和艾萨克·罗森菲尔德接受了这样的想法，认为忠诚属于资产阶级的意识形态。这看上去就是这两个人为自己的不忠行为披上一件意识形态的罩衣。海曼·斯莱特1939年去我父亲的写作工作室拜访，他们上楼梯的时候，索尔提醒海曼，他那里藏了个女孩，要他不要告诉安妮塔。

索尔此时已经相当能够找出各种理由为自己的婚外性行为辩护。但他对女性的感情，我相信，深深地植根于那些母性形式的爱中，就像我在祖母莱莎身上发现的那种无私的、呵护的爱。索尔到底有没有得到他母亲不论对错的一概接受，或者他只是希望可以被他母亲那样接受，关于这一点，只能是一个深埋在过去、无法得到回答的问题了。但我们可以感受到的是他讲述的那些关于莱莎的故事。故事中，莱莎能够唤起大家的关爱，让亚伯拉罕歇了脾气，且能洞察人心。

米茨·麦克洛斯基（Mitzi McClosky）是赫布忠诚的妻子，赫布是一个时常持有批判性态度的人，而米茨是典型的体贴、心地善良的女性。索尔和她有着六十年的友谊，她深爱着索尔，索尔也同样回报了这份感情。他用生动的意第绪语向一位他们共同的朋友描述她，说她"Sie hat keine biene"，翻译过来就是"她没有骨头"——也就是说，她非常柔和。

那种母亲对儿子的无私、不言而喻的爱显现在了《奥吉·马奇历险记》和《赫索格》中。虽然出了家门，马奇太太几乎无法与人交流，但她对人有着精准的直觉，这一点她儿子奥吉非常清楚。赫索格母亲弥留之际，她用已经变成蓝色的手指轻抚着摩西的手，道出了她的深爱。

在索尔的作品中，女性呵护备至的爱时常是缄默的，它是那么微妙，以至于很容易就被读者忽视。短篇故事《今天过得如何？》("What Kind of Day Did You Have?"，1984)中，维克多·乌尔皮的情人卡特里娜·高里格不管不顾自己的孩子，放弃了一切只为和维克多在一起，因为维克多正期待着与一位聪明的对手进行一场辩论，而这场辩论注定会让人不快。为了安抚维克多反复无常的情绪，只要他需要，卡特里娜时刻准备着在情感上和性生活上满足他。直到故事结尾处，只专注于自我的维克多才适当停顿了足够长的时间，询问她"今天过得如何？"——这个构成小说标题的问题。短篇故事《表亲》("Cousins"，1984)中，索尔的叙述者埃贾·布罗茨基记录了他一生中为家族提供的各种帮助，它们并没有使他获得家族相应的扶持，直到一位强壮的年轻表妹注意到他短暂流露出的身体虚弱，主动伸出援手，他默然地伸出手臂，接受了帮助。

索尔一生都在与他的柔情做斗争，但我不确定他是否清楚地认识到柔情是他的重要一面。不过，他清楚他在女性身上寻找的柔软对他的幸福极为重要。或许他的那些信件清楚表明了这一点：他感到孤单、失去、焦虑时，便需要从女人那里获得安慰，这种需要会使他忘记逻辑、常识以及他之前在判断中犯过的错误。他和他的第二任妻子萨莎痛苦地结束婚姻15年后，他竟疯狂地给工作中的她打电话，那天是他获得诺贝尔奖的第二天。难以置信的是，他因为获奖感受到诸多压力，想从萨莎那里获得慰藉。

索尔将自己描述成一个连续的感情专一者，他寻觅不止一个爱人，甚至无止境地寻觅着许多能够成为他爱人的女人。因为某些显然索尔自己那时都不清楚的原因，他娶的女人都在一定程度上很坚强。在我看来，这很必要，因为这样她们才能照顾他。虽然索尔一开始并没太注意与她们的坚强相伴的是她们对他的约束，但他非常敏锐地意识到了这一点。他的每一任妻子对他施加自己的意愿时，他都会发怒，从而引起各种各样的严重冲突，足以使他先前的四次婚姻破裂。

索尔在婚内及离婚后的那些性行为，没法用单一的因素去解释。我为他列出了许多原因，其中最主要的是他想与人，尤其想与他的长兄莫里竞争。莫里的婚外情搞得人尽皆知。他直接养了外室，还有了孩子，俨然有了第二个家。索尔与同行之间的智力竞争也涉及到了他们对女人的诱惑。这自然有欲望的原因存在，但也有索尔的虚荣心作祟，很多女人都表达了对他有性方面的兴趣。成功猎艳新的女人有助于索尔在第二段、第三段婚姻破裂之后重新恢复勇气与自尊。

无数的女人因索尔的幽默、魅力、健美的形体而受他吸引，他经常成为她们关注的对象。索尔从来没说过，但别人不断地告诉我，那些女人们很直白地表达她们对他的性兴趣，甚至经常投怀送抱。《奥吉·马奇历险记》从非性爱的角度提供了解释，说明为什么女人们发现标题主人公那么具有魅力，而这也相当适用于索尔。奥吉不到二十岁的时候，富有的雷恩林斯夫妇没有孩子，他们很喜欢奥吉这个英俊的小伙子。整部小说中，奥吉虽然短暂却不断地允许自己被他人的欲望塑造。雷恩林斯太太在他身上看到的是她可以教授和引导的年轻人。奥吉仔细思考了自己的吸引力，他描述自己是个容易接受别人意见的人。该描述表明，我父亲暗示了某种柔情与柔韧，这常会激发女性的保护性情感并使她们产生错觉，认为她们可以按照自己想要的去塑造索尔。

安妮塔也赞同性解放的想法，至少在名义上是这样。索尔为自己的婚外情申辩，说安妮塔有那么一两次，回家用他认为是呆板的语气告诉他，她跟这个或那个党员同志睡了。她缺乏情感的回应让我怀疑，她那么做不是因为感受到激情，而只是试图让索尔明白他的不忠所造成的结果。安妮塔特别选了一位同志想让索尔吃醋。她很可能希望这样去伤害索尔，刺激他停止那些他带给她的疼痛。不过，安妮塔是个坚韧克己的理论家，她从没有向我抱怨或是承认过索尔的不忠到底伤她有多深。

1940 年，我父母待在墨西哥的三个月里，彼此的不忠行为差点结束他们的婚姻。莱莎的一张人寿保险单令他们获得了 500 美元的意外之财，为索尔和安妮塔提供了这趟墨西哥旅行的费用。我父亲是受益人，但亚伯拉罕要求他拿出这笔钱用于家里的煤炭公司，被索尔拒绝了。索尔本想去欧洲，但二战爆发，去那边的旅行便无法成行。于是，他与安妮塔坐上了前往墨西哥的汽车。当时的墨西哥是背井离乡的列夫·托洛茨基的家园，也是全世界侨居者的庇护所。在塔克斯科（Taxco），索尔和安妮塔经常光顾一家热闹的小酒吧，他们会在那里跳舞，索尔会喝很多酒。最初的几周里，我父亲跟另一个女人一起离开了几天。安妮塔被激怒了。她知道索尔害怕给他的公众声誉带来耻辱，便以自己的绯闻进行报复。她告诉我，她的情人是个非常帅气的墨西哥人，那是她唯一一次向我提起这件事。索尔回来后，他们之间有了一场恶斗，之后，安妮塔独自一人去阿尔普尔科（Acapulco）待了几天。我父母在塔克斯科住了一个月后，赫布、科拉·帕辛夫妇加入了他们。这两对夫妇共住在一套房子里，赫布和科拉都没有看出索尔夫妇之间有任何不和。索尔和安妮塔无疑都克制了自己，决定对外隐瞒彼此的不忠行为。这持续了十年，并让我来到了这个世界。不过，墨西哥的自由观念令索尔沉醉，他对我母亲不满的种子也已经埋下。

赫布和索尔都是托洛茨基的崇拜者，他们通过一位芝加哥友人，安排好要与托洛茨基在墨西哥城见面。约定见面的前一天，托洛茨基被斯大林手下的一名特工谋杀了。事后的混乱中，赫布和索尔去了停尸房，他们被误认为美国记者，得到允许进去看一看尸体。看到托洛茨基的头还用许多绷带包着，上面渗着一道道的血和碘液的印记，他们两人都非常伤心。

索尔和安妮塔于 1940 年秋回到芝加哥的时候，欧洲战场上的战争已经日益激烈。安妮塔去了迈克尔·里斯医院工作，索尔则边教书边创作。20 世纪 40 年代初期，《党派评论》（*Partisan Review*）上刊登了我父亲的几篇短篇小说。《党派评论》是一份以纽约为主要阵地的杂志，由一群左翼知识分子主办。那个时候，艾萨克·罗森菲尔德已经离开了位于麦迪逊的威斯康星大学研究生院，搬去了格林威治村。艾萨克和索尔这两个芝加哥老友都有着对文学的热爱、对左翼政策的狂热，他们受到了我母亲称为"党派评论帮"（*PR crowd*）的欢迎。索尔《党派评论》杂志社的同事们认为，他作为作家的才能使他成为反击美国文学与学术圈中盛行的反犹主义的最佳人选。索尔后来坚持说，这份杂志主要是政治性的。他曾经在《党派评论》的办公室无意听到主编菲利普·拉夫（Philip Rahv）和另一位主编打电话。对方询问有没有什么有价值的稿件送过来，拉夫回答："没有，没什么有趣的，只有小说。"

安妮塔的工作使她不能出外旅行，只能待在芝加哥，而索尔则开始经常前往纽约，因为他与《党派评论》的往来和纽约自由主义的氛围令他兴奋。60 年代早期，我与索尔经常在格林威治村附近散步，他常常会指给我看那些他几年前待过的地方，而略过那些他来纽约时肯定约会过的女人。

二战期间的大部分时间里，我父亲在芝加哥都无所事事。为了能够拥有良好的健康状况参军，他做了疝气手术。但是整个贝娄家族都没有美国国籍，这使索尔不能参军，也让莫里无法参加律考。安妮塔在移民局工作的朋友帮助贝娄家解决了这个因为他们15年前非法进入美国而遗留下的问题。索尔不得不返回加拿大，再合法地重新进入这个国家。他后来告诉我，安妮塔和她的朋友成功地改变了整个家族的移民身份，这"使他在贝娄家的地位上升了"。

索尔第一部出版的小说《晃来晃去的人》中的叙述者也是同样的无所事事。看着自己惨淡的未来，越来越孤僻的约瑟夫发现自己与家人、朋友、邻居都不和，甚至妻子也逐渐不再依赖他。他怀疑自己有致瘫的疾病，受此困扰的他在刚辞去的工作与他希望加入的军旅之间晃来晃去。无论我父亲在40年代初期的晃荡中，个体感受到怎样的不安，这并没有妨碍他——一位尚不出名的犹太小说家——向业已确立文学地位的美国作家海明威发出挑战。在出版于1944年的《晃来晃去的人》的前几页中，索尔主张重新定义英雄气概，认为英雄气概不应该依据那些遥远的战役中取得的外在成就去界定，而应该从内心世界的思索、反省、纷乱的情绪方面去界定。安妮塔说，索尔和他的朋友们会大声朗读海明威的作品，嘲笑他多余又不连贯的行文。考虑到索尔最终对美国小说产生的影响，他第一部出版的作品中的那些段落——这些段落阐释着他称为"内心生活"的核心——蕴含了某个文学预言。我父亲拥有的强烈的批判性态度已经延伸到了他自己的作品中。约翰·霍华德·格里芬（John Howard Griffin）1961年出版《像我这样的黑人》（*Black Like Me*）的时候，安妮塔告诉我，40年代中期，索尔写了一本书名为《极黑的树》（*The Very Dark Trees*）的小说，作品中一个白人一觉睡醒变成了黑人。索尔对手稿不满意，便将之付之一炬。多年后，我了解到他的这部小说已经得到一位潜在出版商的好评。索尔必然是对自己极为有信心，才会焚毁《极黑的树》的书稿。

第四章

我们的吉卜赛式生活结束：1944—1951

　　1944 年，我出生时的状况极为紧迫可怕。我已经脱离胎盘，安妮塔不得不接受紧急剖腹产手术。索尔不知道我们母子是否能熬过我出生的那个晚上。每年 4 月 16 日那天，我父亲都会重复我出生的故事：英勇的考夫曼医生挽救了我们的生命，当轻松了许多的索尔走去毕比家的时候，迎接他的是寒冷、雨蒙蒙的天空和毕比为他准备的早餐——一打煎鸡蛋。

　　从我还是个婴儿的时候开始，索尔就一直认为我的面孔的上半部分肖似贝娄家的人，下半部分则具有戈什金家的特征。安妮塔手中有一本我的婴儿成长记录本，她用揭示性的话语在其中满满记录了我父亲扮演了积极的角色，因为我父母都不愿意我变成一个娇生惯养的"奶嘴男"（mama's boy）。我刚能咀嚼硬物，索尔就坚持喂我吃腌制的鲱鱼。我能明白大人发出的指令之后，他就让我参与到了他玩世不恭的幽默中。索尔会指示，"格雷戈里，指指你的屁股。"我那么做了之后，他又会让我"指指你的手肘"，然后会在阵阵笑声中说，"现在你知道的比哈佛的毕业生都多了。"

　　二战临近结束的时候，索尔终于能加入军事运输服务队。他驻扎在布鲁克林和巴尔的摩的六个月里，安妮塔和我都住在戈什金家。大部分的闲暇时光里，索尔都在巴尔的摩公共图书馆里阅读。其他水手称这座图书馆为"克拉普山岗"，索尔特别喜欢去那里。虽然智商高，但因为他拒绝接受军官培训，军方对索尔进行了精神病检查。精神病医生问他对什么感兴趣，他回答说自己正在读约翰·杜威（John Dewey）的实用主义。索尔趁医生离开门诊（也许医生是故意的）偷看了诊断记录，上面写着，我父亲缺乏目的性，这使他无法胜任军官一职。精神病医生的评价深深地伤害了索尔，以至于多年以后，他让他的叙述者摩西·赫索格在经历了出奇相似的事件后，给佐佐医生写了一封信，向他坦承了他的诊断给自己带来的痛苦。

退役后，索尔即刻决定搬去纽约。我们将家具存放在了莫里名下一家旅馆的地下室里。通过阿尔弗雷德·卡津（Alfred Kazin），索尔认识了亚瑟·利多夫（Arthur Lidov）。亚瑟是一位画家，索尔上大学的时候就已经认识了他的妻子薇姬（Vicki）。他们原本一直住在布鲁克林，不过后来决定搬去乡下。安妮塔、索尔和我在一个寒冬里加入了住在纽约郊区的他们。大人们认为他们已经成功地让房子暖和了之后，便居高临下地看着两岁的我贴着地面蹒跚学步，看着我的呼吸因为寒冷凝结成雾。薇姬告诉我，我父母的关系极富肉体上的激情，但这并没有阻止索尔前往纽约市内的纽约大学教书时公然约会其他女人。亚瑟画过一张素描画，画中一个女人骑着一头公牛经过，我父亲想要搭个顺风车。这幅画表现出索尔虽被动却渴望婚外与其他女人有染。即便索尔对婚姻的不忠让她痛苦了八年，安妮塔还是忍受着索尔的那些风流韵事。她告诉自己和薇姬，索尔还沉醉于放荡的生活。

我们后来回了纽约市内，但1947年秋，我们又去了明尼阿波利斯。赫布·麦克洛斯基帮我父亲找到了一份明尼苏达大学人文学院的工作。后来成了著名剧评人的埃里克·本特利（Eric Bentley）也受到了时任人文学院主席的约瑟夫·华伦·比奇（Joseph Warren Beach）的邀请。比奇吸纳了许多有才能的年轻教职人员，他们教学工作不重，可以有时间从事创作。一直到20世纪40年代后期，英语学术部门都不会聘用犹太人，他们认为犹太人读不懂伟大的文学作品，更别说创作文学作品了。对犹太人的全面排斥激怒了索尔。米茨·麦克洛斯基描述过，哪怕是稍稍暗示普遍存在的反犹主义，索尔都会怒得鼻翼呼呼地翕动。不过，索尔经常将他的早期小说《晃来晃去的人》《受害者》形容为他的硕士和博士论文。我父亲的意思是，他是自学成才的作家，学术界根本拿不出什么教他。然而，他的写作沿用了那些排斥犹太作家的学者所塑造的风格。我相信，他试图以此向他们证明他的价值。

我们在明尼阿波利斯的家庭生活从居住在活动房屋开始。活动房屋基本上就是倒置的大锡桶的一半大小，不隔热、不隔音。里面住了两家人，中间用一块薄板隔开。供暖设备特别糟糕，安妮塔说，我们得做出选择，是住带厨房水槽的一边，还是住带卫生间的一边。最终我们选择了带水槽的那边，安妮塔解释说，因为"至少你可以在水槽里小便"。祖父亚伯拉罕来明尼阿波利斯看我们，但他住在了麦克洛斯基家，因为活动房不适合他住。每天，虽然祖父拒绝吃他们家的非犹太食物，但他会穿上西装打好领带，坐在他们家的餐桌边，吹嘘着他的其他几个孩子金融方面的成功，以此取悦赫布和米茨。

我们在明尼阿波利斯的第二年住进了一栋大房子，还租了一间房给马克斯·坎佩尔曼（Max Kampelman）。马克斯是二战期间的良心性拒服兵役者(conscientious objector)①,他当时刚退役。他的替代役是参与一项人类生存研究。前不久,托德·塔克的《大饥饿实验》(*The Great Starvation Experiment*,2006)对之进行了描述。马克斯不得不依靠极少的卡路里生活,他非常瘦,安妮塔说他看上去就像是刚从集中营放出来的。她笑话他任何时候都在扫荡冰柜里的食物。

安妮塔和埃里克·本特利年轻漂亮的妻子玛雅(Maja)都是教工家属,她们照料着她们从事创作的丈夫每日生活的方方面面。安妮塔和米茨也成了朋友,我经常会去麦克洛斯基家,同赫布与米茨的女儿简一起玩。据米茨说,每天下午4点,索尔会婉言拒绝校内活动,说要"回家和孩子玩"。安妮塔做晚饭,他就陪着我玩。

我们家成了社交中心,我越来越爱交际的父亲什么时候都能将人带回来。索尔热情款待那些访客,给他们讲笑话、讲故事,读《受害者》手稿中的段落。安妮塔尽心竭力地迁就客人,经常没有得到事先告知,就要为许多人准备食物。最终,她对于招待客人感到恼火,也对索尔反复讲的同样的笑话和故事感到厌烦。索尔正妙语连珠的时候,安妮塔会不满地打断他,告诉他需要将垃圾清理出去。据米茨说,索尔长期在外面拈花惹草,这终于让我母亲越来越恼怒。

作为作家成长之路中的一部分,索尔认为有必要抛弃文化与宗教之根。他拒绝参加宗教活动,拒绝接受宗教习俗,但他对学术界反犹偏见的憎恶又使他明显表现出了作为犹太人的身份认同。

① 依据维基百科的解释,所谓的良心性拒服兵役者指的是一些个体,他们出于思想自由、良心或宗教等原因,要求获得拒绝履行兵役的权利。在有些国家,良心性拒服兵役者会被指派其他的民用服务以替代征兵入伍或兵役。有些良心性拒服兵役者认为自己是和平主义者或反战主义者。

而且，据安妮塔说，如果在争辩中被逼得紧，索尔最后让步的姿态便是指责对手持有反犹主义立场。

植根于纽约文学与评论界的反犹主义弥漫于其 1948 年的小说《受害者》中。在一个关键性的场景中，一家杂志社的编辑拒绝考虑聘用叙述者阿萨·莱文撒尔，一位浑身是胆的犹太应聘者。面试过程中，那位好管闲事的主编粗声问阿萨，为什么他没有任何必要的背景，却来应聘这份工作；实则暗示他有犹太血统。之后，他们之间发生了极为令人不快的争论。

相似的场景也曾发生在我父亲和惠特克·钱伯斯（Whittaker Chambers）之间。钱伯斯时任《时代周刊》文学与艺术编辑，他拒绝为索尔提供一份工作。面试过程中，他们就浪漫派诗人发生了激烈争论。虽然索尔没有描述他们之间文学观点的差异，也没有提到钱伯斯的反犹主义立场，但他经常重复提及这件事。索尔不止一次说到钱伯斯拒绝他的原因是因为钱伯斯嫉妒他长相英俊。

离开这次引发争执的面试，索尔的叙述者阿萨同样很愤怒。但在《受害者》中——我认为这是我父亲最乐观的小说，即便是像反犹主义这样黑暗的主题，也没有改变"青年索尔"对人性的乐观看法。索尔以和解与和谐的画面结束了这部小说，这让我确定，1948 年，索尔仍持有乐观态度。他与我提过几次，和解的主题并没有引起评论界的足够关注，但他的宽容与普遍人文主义却引起了我的共鸣，因为这些正是我们家人普遍拥有的价值观。我在索尔写给奥斯卡·塔尔科夫的一封信中找到了确切的线索，表明他有乌托邦的愿望。信中包含了一段评论，提出满足世人的物质需要才能"成就《哈姆雷特》"。我相信，索尔指的是他和奥斯卡十多年前共同拥有的托派理想主义（Troskyite idealism）：为了使文化鉴赏不停留于人类的奢侈品层次，新的世界秩序必须首先为人们提供食物与住所。

1980 年，在芝加哥庆祝索尔 65 岁生日的聚会上，我更多地了解了索尔青年时期的乐观态度。我父亲和我当时正在散步，我们遇到了年迈的内森·莱茨（Nathan Leites），他在路上与我们生硬地打了声招呼便错身而过。我们继续散着步，索尔告诉我，莱茨曾是位教授，45 年前曾在海德公园与他打过招呼，还友好地问候他："这位浪漫小说家好啊？"即便几十年过去了，索尔仍很奇怪莱茨教授会将他错误地认定为浪漫主义作家。相反，我奇怪的是我父亲没有意识到，或者不再意识到他青年时期的理想主义在他老师看来是那么明显。

至 1948 年，索尔已经出版了两部小说，但他的小说销售量极小，他并不能依赖它们获得足够的生活费用。不过，我父亲获得了为期一年的古根海姆基金（Guggenheim Fellowship），这让我们可以有一年时间待在巴黎。我们一家三口上了一辆名为格拉斯的破旧不堪的矿车，挤在一节小车厢里。索尔之所以选择巴黎，是因为巴黎所拥有的文学与文化史。冷漠、沉闷、毫无魅力，战后的巴黎与他想象中的一点都不像。刺骨的冷风与浓雾让我感觉前往学校的路途极为痛苦。索尔与房东、官僚之间时常发生的口角令他想起陀思妥耶夫斯基对巴黎生活的描述。我当时病了，父亲想方设法获得允许，可以从巴黎当局购买额外份额的煤炭。他填了无数张申请表，办事员却拒绝了他的申请要求，原因是医生出具的证明表上的纸孔位置错了。我父亲被他们毫无效率的官僚做派激怒了，威胁要去黑市上购买煤炭，而那位办事员只是耸了耸肩。

不过，安妮塔那时候不愿意离开明尼阿波利斯。我们这种吉卜赛式的生活方式让她恼火。她希望能安定下来，再要一个孩子。因为我们总是搬来搬去，当时在欧洲的哪个地方，她觉得特别沮丧，接着便不干了，一屁股坐在了我们的旅行箱上不愿意再移动一步，拒绝前往我们的下一个目的地。索尔不得不搬起行李，还得抱起我那固执的母亲。

在战后的巴黎，美元的购买力相当不错，因而我们的生活相对还比较舒适，但日常生活却对身体提出了挑战。我们在巴黎期间住过的三套公寓都是烧煤取暖，家里没有什么冷藏设备。购物是安妮塔每天必做的事情，有时候她甚至每天要出去两趟购物。她会提上她的网眼口袋，或者说网兜①，去购物，然后回来给我们做饭。鲜奶很难买到，但我们走了军中福利社的后门，在那里买到了味道糟糕的奶粉。安妮塔往奶粉里加了可可粉，想让这两样混起来的味道可口些。尽管如此，这种泡制的奶一凉下来便会出现令人讨厌的浮渣。我父母雇了一个名叫奥古斯塔的女佣，给家里做饭、打扫、看护我。她当时来面试的时候穿得干净整洁，但是被录用了开始工作后，她脚上穿着室内拖，头上顶着卷发器，还镶着假牙。我父母不在家的时候，奥古斯塔就让我坐在楼梯井口。我将这件事告诉了我父母，他们就将她解雇了。莉莲·波德尼亚(Lillian Bodnia)成了我的保姆。莉莲是丹麦犹太人，她和家人在大屠杀期间躲了起来。她和我一起剪了许多心形图案，将它们粘起来，还做了许多椭圆形彩纸串。她还引导我对集邮产生了兴趣。

安妮塔不想让我在法国公立学校上一年级，所以我在一所私立双语幼儿园又待了一年。我本就很腼腆，我们常常搬家，这让我更腼腆了。我父母朋友们家里不多的几个孩子是我仅有的玩伴。我的周围都是成年人，我擅长逗乐他们。我模仿美国人怎么样试

---

① 原文为 filet 与 net，filet 为法语词，与 net 含义相似，此处为显词汇不同，做了不同的翻译处理。

图讲法语，这在他们中间大受欢迎。我在杜伊勒里公园①里溜旱冰，喜欢跳过那些篱笆，在草地上奔跑。不过，我的协调力相当差，经常会摔倒，也因此得了个"番茄膝盖"的绰号，因为我那两个膝盖上总是涂着红药水。多年以后，我再访巴黎的时候，惊讶地发现杜伊勒里公园草坪周围的那些栅栏实际上非常低矮。

巴黎有许多年轻的美国侨民，其中包括赫伯特·戈尔德（Herbert Gold）、杜鲁门·卡波特（Truman Capote），还有詹姆斯·鲍德温（James Baldwin）。鲍德温那时候的公寓里没有淋浴，他经常会来我们家洗澡，而且常常是在晚餐时间出现。索尔记下了这件事挖苦他。索尔工作后常与耶西·雷切克（Jesse Rechek）在咖啡馆见面。雷切克是位年轻的美国画家。他们夏天的时候会边喝啤酒边赌博，冬天则边喝着热可可边赌博。这段时间里，索尔有几位芝加哥的朋友也居住在巴黎，他们中有朱利安·贝尔斯托克（Julian Behrstock）和哈罗德·"卡皮"·卡普兰，他们为美国国务院工作。不过，最初的几个月里，我们待在沉闷的巴黎，即便是这些朋友也没能让抑郁的索尔开心起来。

我从索尔多年后写给菲利普·罗斯的多封信件中——罗斯在我父亲故世之后出版了这些信件——了解到索尔的心境与他文学创作困境之间的关联。索尔当时沉迷于一本名为《螃蟹与蝴蝶》（*The Crab and the Butterfly*）的小说，这部小说的主题极为病态。虽然他后来放弃了这部小说，也没有出版它，但这部作品却表明我父亲即将迎来文学创作方面的突破。这部作品围绕两个男人展开：一人在医院里垂死，而另一人则力劝他把握生命。我觉得，这两个人物一死一活，所体现的是处于转变中的小说家索尔·贝娄

① 原为杜伊勒里宫，位于塞纳河畔，1871 年为巴黎公社付之一炬。

的两个方面。死亡的人物代表了坚持传统的索尔，这部分索尔沿用他的欧洲"导师们"创立并使用的小说形式，这些小说形式为大众所熟悉，虽然它们注定会被淘汰，而且过于不实用。那个存活的人物代表的是使用自由创作方式的作家索尔，他将在《奥吉·马奇历险记》的张张书页中迸发活力。

这两个人物在索尔的内心发生争斗之时，他正沿着一条街道散步。他注视着商人们用水管将腐烂的水果与蔬菜冲向塞纳河，清除掉曾经有用却失去了价值的那些商品。水与腐烂的水果、蔬菜在排水沟中形成了道道小彩虹。就在那个瞬间，《奥吉·马奇历险记》的开头几行文字涌了出来，就好像这些文字已经在那里等候了很长时间。索尔·贝娄扔掉了他的那些失去价值的无用之物——抛弃了旨在令学者满意的小说风格，结束了自己的文学学徒阶段，转而使用一种自然流畅的散文风格，预示着美国文学的突破。

索尔从古根海姆基金获得的经费在我们待在巴黎的第一年就用完了，不过这时候安妮塔不愿意离开巴黎了。我父亲后来坚称，回到美国意味着得"面对现实"，那就是要结束这段他们两人都清楚无法继续维系的婚姻。为了支撑我们在巴黎的第二年，安妮塔在分配委员会找了一份工作。她的工作内容是为那些二战结束四年后仍无家可归的孤儿们寻找养父母。我还记得我母亲不得不带着我赶在最后一刻拜访一座孤儿院时，我坐在长而吓人的过道里的场景。

在一部似乎自己创作着自己的小说中，索尔忧郁的心情与糟糕的态度发生了彻底改变。他变成了城里着装时髦的年轻小伙，与许多作家、画家、知识分子一起分享充满自由精神的咖啡馆生活。索尔和卡皮·卡普兰很快就喜欢上了这些巴黎的圈子。他们两人都坚持认为，他们应该探索生活所赋予的一切，包括法国人对不忠的容忍，这只是他们为不忠行为寻到的又一个理由。卡皮将自己塑造成了非官方的文化专员，他经常举办大型聚会。我父亲时常在这些聚会上与不同的女人约会，她们被他吸引，并不认为他的婚姻会妨碍她们与他上床。很快，安妮塔拒绝陪他，最终也不再容忍他此时史诗般的风流史。我父母原本很少会向朋友们抱怨彼此，但索尔的婚外性行为太过频繁，安妮塔公然表示与西莉亚·卡普兰同病相怜；西莉亚被自己丈夫公开的性关系深深伤害。尤为令人痛心的是，索尔与一个名叫娜丁（Nadine）的女人有了认真的恋情，他们两人是在卡皮的某次聚会上认识的。娜丁当时还是卡皮的情人，但她背弃了卡皮，恋上了索尔。卡皮与索尔为此事发生了争吵，而安妮塔则断言这是西莉亚的错，是她将索尔介绍给了娜丁。这件事结束了安妮塔与西莉亚的友谊，安妮塔的污蔑伤害了一位亲密的朋友。

那个事件成为安妮塔与索尔之间关系的转折点。不过，据赫伯特·戈尔德说，城里到处都藏着索尔的女人。20世纪80年代后期，我曾与我父亲在巴黎待过一星期。那段时间，卡皮给我解释了盛行于他们年轻时代的观念，其中包括将情人们分为情感上的一、二、三等，体现出优先性，而在性方面则没有此考虑。那次重访巴黎，终于追悔莫及的索尔告诉我，他对自己四十年前的行为感到非常内疚。他还说，"无论走到哪儿，我都在想我给你母亲带来的伤害。"不过，索尔在巴黎期间，性方面的完全放纵只不过是我父母可悲的婚姻状态的一个迹象。安妮塔已经受够了吉卜赛的生活方式，我的小学教育也不能再推迟了，所以我们离开了欧洲。但那个时候，我父母的婚姻也注定要完了。

返回美国之前，我们进行了一次愉快的欧洲文化之旅。索尔在萨尔茨堡美国研究研讨会上授课，这次研讨会在奥地利的莱奥帕尔茨克龙城堡举办。我自由地使用着一座楼道里堆满骑士铠甲的城堡。对于一个六岁的男孩而言，这里是天堂。我还记得我在一片散落着海马雕塑的湿地玩耍，高高兴兴地骑上那些雕塑。那时还非常年轻的特德·霍夫曼（Ted Hoffman）以一种非正式的方式举办了这场研讨会。特德与索尔成了老朋友。埃里克·本特利与他的妻子玛雅也参加了研讨会。玛雅能流利地说英语和德语，她在美国政府占领军那里找到了一份工作。这份工作需要她在萨尔茨堡与维也纳两地之间出差，那时的维也纳还被苏联军队封锁着。研讨会的一个月时间结束后，玛雅开车带着安妮塔和我前往维也纳。我们半夜被苏联士兵拦下的时候，我蜷缩在后座里。好几束手电筒的光照在了我的脸上，我非常害怕。不过，玛雅持有的那些美国文件让我们顺利通过了，我还记得当时我们在维也纳观看的《魔笛》（*The Magic Flute*）表演。

　　一个非常炎热的夏天里，我们在罗马住了一个月，居所在一家意大利面食店楼上。这家店里总是挂着大块的生面团晾干，之后再切成意大利面。那些乳制品（latterias）——牛奶、乳酪店里的香味，隔几条街都能闻到。百无聊赖，安妮塔和我经常会去罗马动物园。那里的特色是一只皮肤粉粉的新生小象和一只会骑车的黑猩猩格里格里奥（Gregorio），这名字正是我的名字的意大利文。那时，我已经看到过几十座教堂，对参观教堂已越来越没有兴趣。索尔想要激发我的兴趣，便告诉我说圣彼得大教堂是世界上最大的教堂，然后我就回应他，"那样的话，我们没必要再看任何教堂啦！"

　　我们在意大利的最后一站是波西塔诺（Positano），这是一座位于阿玛尔菲海岸（the Amalfi coast）的小镇，因环境美而出名。索尔在那里创作的六个星期里，安妮塔和我每天早晨都会走下一段长长的楼梯到海边，她在那里教我游泳。我们每天的例行活动包括午饭后的午休以及晚间步行至小镇的中心地带，在那里吃上一块新鲜的意大利白干酪。安妮塔觉得这种白干酪的味道比冰淇淋还甜。有一天下午，我父母两人没沟通好，我被独自留在了小镇唯一的十字路口。我相当镇定地走回了家，我父母吓坏了。我们开车回巴黎，这次换我吓坏了。我们停下来买冰淇淋，我最快吃完，然后爬到了我父亲的腿上。我因为每天游泳晒黑了，而且连续几个星期没理发，所以我肯定看上去像个衣衫褴褛的小孩正在向富有的美国人要钱。一位头戴白色钢盔的警官试图将我赶走，他没能将我从索尔的腿上赶走，便威胁要把我抓起来。索尔用意大利语告诉他"他是我儿子"，但那位警官却觉得我父亲只是在尽力保护这个乞丐。最终，店里的服务生证明我是跟大人们一起来的，那警官才离开。

我们从欧洲回国后，在芝加哥待了一个月。到此时，安妮塔和索尔彼此几乎不讲话了，他们俩都公然地向家人和朋友抱怨彼此，这是以前从未发生过的。他们身无分文，但索尔的《奥吉·马奇》手稿已经完全吸引了哈罗德·金兹伯格（Harold Guinzburg）的兴趣。哈罗德是维京出版社的出版商，他帮我们在纽约皇后区附近的福利斯特希尔斯（Forest Hills）租了一套公寓。

1950 年 9 月，我开始在 175 小学上学，这所学校里的一年级学生中午就放学了。要是我母亲接我迟了，我经常会大哭。有一天，安妮塔因为要等索尔结束写作，所以接我的时候便迟到了，她就拉上索尔一起来接我。我当时已经哭了，认识到我父亲能让我开心起来，安妮塔便说，"看，谁来接你放学了。"不过，安妮塔必须得有一份收入，她在法洛克威地区（Far Rockaway）的一家计划生育医院工作，没有办法中午接我回家。索尔和安妮塔咨询了住在附近的朋友蕾切尔和保罗·米兰夫妇（Rachel and Paulo Milano），问他们是否知道有什么合适的学校。他们的儿子安迪在一所私立学校上学，这所学校有全天的教学活动，还提供我母亲所称的"课后管理"。所谓的"课后管理"，实际上只是让有双职工家长的孩子在学校和操场上自由活动，直到家长来接他们回家。

这所位于皇后区的学校里聚集着许多穿着红色纸尿裤的孩子（red-diaper babies），这种称呼被用来描述那些共产主义支持者的子女。学校管理以平等主义观念为指导，我们都称呼大人们的名字，而且有一次，我们还在"罢工"后将我们的老师锁在了教室门外。我们的学习模式依据约翰·杜威的进步教育哲学设定，这其中就包括一整个学年深入地学习一个简单的主题。我记得我们搭建了一个太阳系的工作模型，用一块大的胶合板复制了纽约市的交通运输系统，进行了一次校外教学以观察地铁如何运行，研究了所有美国印第安部落，甚至还制作了许多微型的桦树皮做的独木舟。学校里有来自不同种族的学生。黑人学生中有两位的父亲是职业棒球联赛中布鲁克林道奇队的两位重要人物，分别是杰基·罗宾逊（Jackie Robinson）和罗伊·坎培内拉（Roy Campanella）。他们选择这所学校，是因为白人居住区的学校拒绝招收他们的孩子。我们可以对各种问题进行自由讨论。有一次索尔去我们教室，他观察到我们班同学向老师提出性方面的问题，令老师从数学课的教学中转移了注意力。数学老师刚要开始讲课，我们中的一人便举手问"操"是什么意思。老师仔细地概述了性行为的操作方式之后试图回到数学课上，却又有一名同学换了个方式问了同样的问题，使这堂课又偏离了应讲授的内容——这个过程一直持续到下课才结束。

放任的态度在我们家也同样盛行。我们从欧洲回来的时候，我根本就不知道什么餐桌礼仪。在意大利的时候，我喜欢上了吃意大利面时用叉子将面绕成一个大球，然后从最细的几缕面条开始吃。虽然这样的做法很受侍者们的欢迎，但却会弄得到处都很脏。不久，我们在福利斯特希尔斯的新邻居们邀请我们共进晚餐。让他们懊恼的是，我父母对我用手抓巧克力布丁吃的做法，都未置一词。索尔有意识地与他的父亲进行对比，他很自豪，因为他从来没揍过我，而且他还特地告诉我这一点。不过，虽然我不担心我父亲会揍我，但他生气的时候，嘴上绝对不饶人。作为一位年轻的母亲，安妮塔参加了儿童心理分析师布鲁诺·贝特尔海姆（Bruno Bettelheim）的工作坊，接受了他的许多育儿观念，其中有一条就是永远不要使用糖果作为奖励。我记得我们公寓里放着大碟大碟的糖果，我很少会去碰它们，因为它们一直都会放在那里。在我青春期，安妮塔的放任态度甚至还包括了随处放烟；我的朋友们喜欢到我家抽那些随处放置的香烟。

1951年，《奥吉·马奇历险记》和拉尔夫·埃里森（Ralph Ellison）的《看不见的人》（*Invisible Man*）差不多快写完了。拉尔夫和范妮·埃里森夫妇有很多时间与我们一起待在我们家的公寓里，我们还一起去长岛度假，在那里，索尔、拉尔夫和我一起去钓鱼。安妮塔告诉我，写作《看不见的人》让他那么全身心地投入，以至于当他写完的时候，他在床上躺了好几个星期，深信他自己要死了。拉尔夫在很多方面都有才华，他甚至还有电子学方面的才能。安妮塔曾请他组装了一套幸福牌高保真音响设备作为生日礼物送给索尔。我父母用劳伦斯·奥利弗（Lawrence Oliver）的《哈姆雷特》录音检验设备的运作情况。他们将声音调到了最大，我被奥利弗那充满不祥感的腔调吓坏了，于是，我逃出了公寓，跳着下了楼梯。有位邻居被我发出的声响吓了一跳，走出来问我是不是发生了什么事。我告诉她，"我是因为莎士比亚来的这儿！"

我是个笨拙的孩子，费了好大的劲儿学骑自行车。一连好几个星期，索尔都手扶着车座随着我奔跑，让我能骑得稳当些。我没有就近上学，本身腼腆又没有几个朋友，所以我很少越过我们公寓前的人行道。我很少单独出去玩，其中有一次，我被几个坏蛋恐吓了。后来，我向索尔指出了那几个人，他便去吓唬他们，要是他们再来烦我，他就揍他们。那些坏蛋再也没来烦过我。我睡觉前，索尔会给我大声朗读约瑟夫·奥尔特谢勒（Joseph A. Altsheler）创作的关于亨利·韦尔（Henry Ware）边疆历险的英雄故事。因为索尔自己对那些故事入了迷，我都熟睡很久了，他还在继续朗读着。对此，安妮塔和我窃笑了好多年。《奥吉·马奇》的出版让索尔有了许多钱。他给我买了孩子玩的弹簧单高跷、一个睡袋和几根高跷作为我九岁的生日礼物。他跟我说，"这些东西是我还是个孩子的时候想要的，但我们当时买不起。"那副弹簧单高跷没多久便坏了，但我有很多年都在公寓里踩着那些高跷四处走动。

在福利斯特希尔斯住了一两年后，索尔无法再忍受中产阶级聚居地段的稳定家庭生活。当索尔穿着一套泡泡纱西装——这是在巴黎的美国人时下流行的着装——离开公寓大楼的时候，一位邻居竟问他是不是去钓鱼。为了庆祝《奥吉·马奇》的出版，我们举办了一场聚会，有一位邻居抱怨太吵，我父亲便威胁要把他推下焚化炉的滑道。

显然，一定程度上因为索尔对安妮塔和我们越来越保守的生活方式不再抱有幻想，他随艾萨克·罗森菲尔德一起接受了赖希分析法。赖希分析法是心理分析的一种边缘性说法，该分析法以威尔海姆·赖希（Wilhelm Reich）职业生涯后期关于宇宙能量与提高性满足感的看法为依据。索尔的治疗师是切斯特·雷菲尔德（Chester Rayfield）医生，我父母称他为 R 医生，他在福利斯特希尔斯行医。索尔说，赖希疗法强调消除理智化阻抗，使身体和情感的力量实现最大化。隆冬之际，索尔穿着内衣躺在沙发上，窗子大开，R 医生则裹着大衣，描述着索尔的身体姿势处于保护状态，鼓励他要表达出他的兽性冲动。像狮子一样吼叫成为他和我最喜爱的一项活动。只要一辆地铁呼啸而来，驶入我们这一站，我们就会吼叫。很多年里，我们都一直这样做。

我们有一个生命力箱（an orgone box），它是设计用来捕捉并强化天体能量的装置。生命力箱有一个电话亭那么大，周围布满了钢丝，占据了过道里的一个合适位置。艾萨克和瓦斯利基·罗森菲尔德有一个双人的生命力箱，就放在他们博洛街的小公寓里。或许因为大人们都是裸着身体走进去的，我在七岁的时候就已经明白了它的作用，也在里面坐过很久，不受干扰地手淫，而我宽容的父母从来没想过要阻止我。

安妮塔希望能挽救她的婚姻，便去拜访过 R 医生几次，她肯定笃信这位治疗师的观点。60 年后，当我想起安妮塔用哀伤的语气询问索尔 R 医生对某个问题的看法时，我仍会不寒而栗。我母亲的希望落空了。R 医生对安妮塔的评价是她过于顽固。他主张他们离婚。赖希分析法只是证明了索尔的想法，那就是安妮塔不是个合适的妻子，也为他对她的抱怨提供了依据，那就是安妮塔小气、爱操控。

家庭生计主要来源于安妮塔。她在梳妆台的抽屉里放着一系列的信封，每个信封上面都有标签，并放入每一份需付账单的费用。随着他们的婚姻关系越来越糟，我父亲惊愕地发现我母亲梳妆台抽屉里有一个信封上标有"索尔"字样，就好像他只是另一项开销。几十年来，索尔一直向我表达他发现那个信封时的震惊，以此证明他有理由提出离婚。多年以后，我父亲又给我讲起他用从莱莎保单中获得的意外之财于 1940 年与我母亲去了墨西哥的经历，我问他到底是怎么花了那 500 美元的。对安妮塔和她的信封耿耿于怀了几十年，索尔不好意思地向我承认，他将那 500 美元现金交给了安妮塔。

索尔犹豫着要不要永远离开的那段时间，他和安妮塔已经分居好几个月了。经过了 15 年，安妮塔对吉卜赛式生活方式的热情已经消耗殆尽了，但她爱索尔，想守着这段婚姻。他们分居的时候，我外祖母戈什金来了纽约，想要跟索尔"讲讲道理"，但她没能成功。在索尔那些年间创作的戏剧《清障车》(The Wrecker)中，他的主人公用一根铁撬棍将他和妻子共同居住的公寓给砸了。索尔向他的岳母解释，人要进步，就得毁了过去。二十年后，索尔告诉他在英国的文学经纪人巴利·艾利森(Barley Alison)，"赖希疗法结束了我的第一段婚姻。"

1951 年底，索尔重返萨尔茨堡和巴黎，很可能是为了和娜丁在一起。他不在的那段时间里，邻居家年满 18 岁的叛逆女儿住进了我们的公寓，目的是照顾我，也是躲避她母亲。据她说，索尔离开的日子里，我母亲和她的理发师有过短暂的暧昧关系。索尔回来的那天晚上，安妮塔很早就上床睡觉了，故意刺激他，让他单独与那位极为迷人的临时保姆待在一起。他们两人都告诉我他们搂着脖子亲吻了。索尔后来说，他很快认识到这么做简直疯了，于是他便停了下来。那位临时保姆则说，安妮塔走出了房间，据她认为，安妮塔出来是为了阻止她说出安妮塔的风流韵事。但在我看来，安妮塔是在考验索尔，而他没能通过考验。那个年轻女孩回家去了，而我可以想象他们随之会发生的争吵。

索尔在中央公园的长凳上告诉了我他们的婚姻即将结束。我的反应是弄了一个雪球砸向附近的一只鸽子。我真正渴望的是能有勇气用那个雪球砸我父亲。在我孩童的愤怒之下，我父亲期待并希望看到的，是失去最能理解我的父亲而应有的悲伤。年仅 8岁，我感觉自己像是个被切断了氧气的深海潜水者。

索尔是在我父母的婚姻处于最低谷的时候创作的《奥吉·马奇》。小说中，他描述了奥吉与一位名叫西娅·芬切尔的女性同伴前往墨西哥的旅行。西娅邀请奥吉帮她训练一只鹰猎捕巨型蜥蜴。这只鹰虽名为野生动物，但这伟大的捕猎者不喜欢猎捕中的危险，很快就喜欢上了被拴着人工喂养。奥吉无疑是想证明他是无拘无束的，太过轻易地就被诱惑去帮助另一个女人摆脱一段失败的爱情。这让人想起十多年前我父母在墨西哥便已差点结束的婚姻。奥吉从他仁慈的使命中回来时，发现西娅与一位新的男同伴开始了又一段奇遇。她拒绝了孤独的奥吉迟来的爱情告白，离开了他，让他自己照顾自己。

正如索尔创作的文学形象利用一个女人去割断与束缚着他的另一个女人的联系，我父亲采用了巴黎风行的拈花惹草的生活方式，逃避他所认为的安妮塔的控制，表达他希望解脱出来。不过，奥吉对自由幻想的思考显示了我父亲对他与我母亲的婚姻最深切的情感。与奥吉一样，索尔明白，他和其他女人私奔使安妮塔受了委屈。借助小说进行严厉的自我控诉，索尔将道德的高地让与了我母亲，他的爱因长期的婚外情和他本人的自私而被玷污，比不上我母亲无私的爱。索尔离婚后的"自由"只维持了很短的时间。他与成为他第二任妻子的亚利山德拉·恰巴索夫（Alexandra Tschacbasov)之间的爱恋已经越来越浓。亚利山德拉出自一个真正的波西米亚家庭，还是一位落难女子。索尔与安妮塔两人中，其实是更加独立的安妮塔获得了长达十年的自由。

莱莎和她的孩子们，1918年。从左至右：索尔、莱莎、莫里斯（后）、塞缪尔和简。

16岁的安妮塔·戈什金。

16岁的索尔。

索尔和安妮塔，1937年。

艾瑟尔与本杰明·弗雷菲尔德。（由朱迪斯·弗雷菲尔德·沃德提供）

萨姆·弗雷菲尔德。

赫布与科拉·帕辛。

索尔和奥斯卡与伊迪丝·塔尔科夫。

索尔、安妮塔和哈罗德·"卡皮"·卡普兰，
1940年。

索尔和格雷格，1945年。

格雷格与戈什金外祖母。

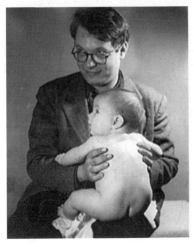

艾萨克·罗森菲尔德与女儿尼察。

奥斯卡与米莉亚姆·塔尔科夫。

赫布、米茨与简·麦克洛斯基。

亚瑟·赫谢尔·利多夫。

《索尔·贝娄》，亚瑟·利多夫，钢笔素描，1947年。（国家肖像
美术馆，史密森学会，©亚历山德拉·利多夫）

第五章
伤心：1952—1956

索尔的离开让我的生活一分为二。我父亲在很多方面都像是个从未长大的孩子，他经常在家里工作，他能理解我的情感，但他此后却不再每天都出现在我的生活中。经过了六年吉卜赛式的生活，我没有与什么邻居家的孩子成为朋友，而且我非常羞涩。我是孤独、悲伤的，而现在还是个与情绪低落的母亲住在福利斯特希尔斯公寓的钥匙儿（latchkey kid）①。每隔一个周末还有夏季整整一个月，我会情绪激动地与索尔待在一起。我拼命想要延长我与他在一起的时间，但结果总是悲伤，因为我要离开那个从本质上来说是我最好的朋友的人。穿梭于两种生活之间，这只是使我更加痛苦。

在福利斯特尔斯，我带上装着肝泥腊肠三明治的午餐盒去上学，放学回到空荡荡的屋子里，吃着冰箱里放的便餐。吃完饭，我会从头到脚穿上一套牛仔服，然后去邻居家的公寓看《独行侠》

---

① 钥匙儿通常是指放学后独自在家，无家人照看的孩子。

（*The Lone Ranger*）和《霍普隆·卡西迪》（*Hopalong Cassidy*）①，等着安妮塔回家。我那么轻而易举地抛弃了她和索尔努力用来陶冶我的欧洲文化，转而喜欢上了美国电视剧，我母亲对此深感羞愧。安妮塔忙着修复她自己的伤痛，并没有像往常一样顾及我的悲伤。与索尔分开后不久，一次吃晚饭，我想用金橘当甜点，安妮塔不同意。我抱怨，过去索尔还在、我们还是一家人的时候，我可以吃的。她反驳说，"我们不再是一家人了。"我意志消沉地离开了餐厅。

安妮塔给索尼娅写了一封信，表明她已能坦然面对他们婚姻结束这一现实，但却拒绝同意与索尔离婚。他们之间的这场法律纠纷拖了好几年。因为极度缺钱，安妮塔恳求贝娄家的祖父给她一些钱买件冬装。她的本意是要让索尔没面子，但是哭穷并没有使她赢得贝娄家众人的好感。即便索尔依靠安妮塔的收入生活了十五年，他在他们离婚案期间给朋友和家人写信时，都会说安妮塔吸血，让她看上去非常贪财。需要定期支付费用，尤其是支付赡养费的想法激怒了索尔。每次索尔在监护人探视后送我回家的时候，几乎都会从冰箱里拿上个水果再离开，他觉得他拿的水果是他付了钱的，他还会拿上几本书夹在腋下带走。索尔还会刺激安妮塔。他会在每月提供支票时随附上一张便签挖苦道，"为一个国家实现社会主义欢呼！"我母亲很清楚，他的言外之意是，如果托洛茨基关于全世界解放的理念能够如他们曾希望的那样获胜，那么他就不再需要给她支付赡养费了。多年以后，安妮塔告诉我，在他们漫长且痛苦的经济争斗过程中，她曾不断幻想，索尔会在探视我的时候开着金色的凯迪拉克接我。虽然《奥吉·马奇》为他提供了意

---

① 霍普隆·卡西迪是克拉伦斯·E·马尔福德（Clarence E. Mulford）于 1904 年创作的虚构牛仔形象。

想不到的收获，但他认为自己是个挨饿的艺术家，不应该为像金钱这样的世俗问题所累。从他第一部获得成功的小说开始，索尔几十年来都从不确信他脑中的另一部小说能够卖出去，更别说卖得好了。

安妮塔逃避任何的约会，甚至尽量使自己不被男人关注。不过，因为她是个大美人，许多男人都被她吸引了。莉莲·布隆伯格（Lillian Blumberg）当时与艺术评论家克莱门特·格林伯格（Clement Greenberg）住在格林威治村，她尽力与分道扬镳的索尔和安妮塔都保持着友好的关系。本着女性平等、自由的精神和对赖希观点的认同，莉莲同时邀请了索尔和安妮塔参加聚会。有一位男性客人与我母亲调情。虽然索尔和安妮塔已经分开，但他还是非常沮丧，和那个男人在街上为安妮塔打了一架。

最终离婚判决书下来的时候，我那向来坚毅的母亲进了自己的卧室，关上门大哭。之后，安妮塔经过了几年才从愁苦中恢复。她接受了治疗，与处于和索尔的婚姻阶段的她相比，她获得了更积极的自我形象，并且在1957年获得了社会工作专业的硕士学位。她一直都坚定地支持个体与政治自由、解放、理想主义、宽容、社会主义、言论自由、节育。索尔搬出去两年后，安妮塔去麦克洛斯基家做客。已经从离婚的打击中恢复过来的安妮塔向米茨坦承，她现在正重复讲着索尔在明尼阿波利斯反复讲述的趣事，这些趣事曾令她不快。也是那一次做客时，安妮塔向年仅11岁的我和年长我1岁的简·麦克洛斯基描述了性交与节育的方法，她描述得那么绘声绘色，这件事家里人都知道。

在我上学的一学年期间，索尔每两个月来接我一次。因为期待着与我父亲待在一起的那令我快乐的几个小时，我每次等他的时候都会透过前面的窗户小心地观察。他经常迟到，有时甚至根本就不来。我不记得我父母在那些年里互相指责过对方，但几十年后，安妮塔告诉我，我父亲没有出现会令我失望，我非常伤心。有一天，安妮塔和我坐地铁去见索尔，但列车却停在了我们要下的那一站的前一站。我很恐慌，担心索尔不等我们就离开，即便安妮塔再怎么安慰我，我都无法平静。最终，我们出了地铁，坐上出租车，走了两条街找到了他。

严冬里的那些周六下午，索尔会和我去现代美术馆观赏那些绘画。我们一边吃着食物一边欣赏着室外的雕塑园，还会在地下室剧院观看一部老电影。有时候我们会去大都会博物馆，我喜欢那里的盔甲。另一件我喜欢做的事是与索尔的律师兼好友萨姆·戈尔德伯格（Sam Goldberg）在位于格林尼治村北边的二手书店一起聚上好些个小时。萨姆对书籍的热爱甚至超过了我父亲。他的梳妆台抽屉里书都塞不下了，他的两栋房子的每一个房间里都高高堆满了书。作为对我耐心待在书店里的奖励，他们会带我去第八大街熟食店吃午饭。我最喜欢的外出活动是观看有 W·C·费尔兹（W. C. Fields）、梅·韦斯特（Mae West）、马克斯五兄弟（Marx Brothers）的两部电影或三部电影连放。索尔和我记住了每一句妙语，我们爆笑到肚子疼。多年来，每次我得跟他说再见的时候，我父亲都会用各种幽默让我摆脱离别时突如其来的坏心情。

索尔理解我情绪低落，因为他自己也有许多这样低落的心情，也因为他觉得是他造成了我的忧伤。索尔的生活变动很快，他很少会在同一个地方待很长的时间。这使我们之间的探望变得更加糟糕，因为我经常要去新的地方，与不熟悉的人且大多数是成年人待在一起。夏季的那个月会好很多，因为我们确定了每日例行要做的事，还可以有很多时间就只有我们俩待在一起。我记得过了一个特别开心的夏天之后，我回到了福利斯特希尔斯，安妮塔给我做了一顿我最爱的食物作为晚餐以示庆祝。第二天早上她出去工作，我发现自己被孤单一人留在了公寓里。我很孤独，也很沮丧，便给索尔打了电话。他和我在大都会博物馆见面吃了饭。那个下午，他对我悲伤情绪的理解让我有所安慰，但却并不能真正弥补他在我日常生活中的缺席。

我父母分开的第一年里，我非常伤心，便想要养只狗。我艰难地游说我的父母，最终通过向他们保证"如果我有了一只狗，我就再也不会伤心了"，达成所愿。安妮塔提了条件要求索尔对狗进行室内训练之后才同意让我拥有一只。那时候，索尔未来的第二任妻子亚利山德拉·恰巴索夫在我探望索尔的时候，有几次也加入了我们。亚利山德拉以前的一位室友安妮塔·菲利普斯（Anita Philips）有一只腊肠狗要生一窝小狗，她答应给我一只。我父亲为小狗取名丽兹（Lizzie），依照伊丽莎白·芭蕾特·布朗宁（Elizabeth Barrett Browning）的名字而起，因为她们都有着忧郁的眼睛。索尔和我在那个夏天一起训练了丽兹，直到我上大学前，每次我去看他，都会带着丽兹一起。

我常称呼亚利山德拉·恰巴索夫为萨莎。她生于 1931 年，是独生女。她的母亲埃丝特（Esther）是位和蔼、善良的女性。我见到埃丝特的时候，她已经离开了萨莎的父亲，但住得只离他几个街区远。索尔和萨莎结婚后，埃丝特周末会同我们待在一起。在那些冗长的上午时光里，我父亲写作，其他每个人都应该安静地做自己的事情，而她会陪我玩纸牌游戏，让我开心。

萨莎说她父亲是个完全以自我为中心的人。他不满自己生于芝加哥中产阶级，也不满于商人的生活，便在萨莎只有一岁的时候带着全家去了法国,这样他就可以学习绘画了。他花了三年时间跟着费尔南德·莱热(Fernand Léger)学习,给自己取名内厄姆·恰巴索夫(Nahum Tschacbasov)。这个名字与他俄裔家族名字相似。他们后来回了纽约,经常在曼哈顿区和布鲁克林区的阁楼与工作室之间搬迁。萨莎是他最爱的绘画主题,内厄姆给她小时候画的画一直是她屋子里几面墙上的装饰物。

萨莎是个坚强的小女孩,她曾爬到游乐园的攀爬架顶上,向那些追赶她的混混扔石块。她八岁前在当地的公立学校上学,之后去了一所距离纽约市约一小时路程的寄宿学校。才十几岁的时候,萨莎就成了敏捷的游泳健将还敢无畏地开车。她上高中的那几年,她们家搬进了切尔西酒店。萨莎发育成熟之后,她指责她的父亲对她进行性虐待。萨莎在大约一年之后杜绝了她父亲的此类虐待,但她永远都不会原谅他,而且她对他始终都非常愤怒,其结果就是她从来都不允许她的儿子、我弟弟亚当见他外祖父。

17岁时,萨莎去了本宁顿(Bennington)上大学。毕业后,她回到纽约,在《党派评论》短暂地工作了一段时间。她就是在那里遇到了索尔。那些年里,她对天主教会的神秘产生了兴趣,并接受主教富尔顿·西恩(Fulton Sheen)的指导皈依了天主教。离开《党派评论》后,萨莎为两家天主教杂志做编辑工作。索尔发现萨莎笃信天主教成了他们之间发生性关系的障碍。他决定让现居纽约的特德·霍夫曼这个堕落的天主教徒去规劝萨莎。他指导特德要提出合乎逻辑的论点,即新教教义就是建立在对天主教教会严格教义的"抗议"之上。许多年后,特德笑着给我讲了这段往事,沉思着说自己怎么会同意了这么个傻瓜的出格行为。

为了减少照顾孩子的负担,也为了给我提供玩伴,索尔接触了那些拥有孩子的完整家庭。但我想与索尔待在一起，觉得这些孩子替代不了他。索尔在维京出版社的责编门罗·恩格尔（Monroe Engel）离开了出版业，去了普林斯顿大学攻读博士学位。恩格尔夫妇和他们的孩子有好几年都是我们家庭生活中的一个重要部分。萨莎此时已与索尔之间发展了一段认真的感情，她经常来普林斯顿，以至于我好多年里一直以为是恩格尔夫妇将她介绍给了索尔。在戴尔莫·施瓦茨（Delmore Schwartz）的帮助下，我父亲在普林斯顿大学获得了一份临时教职。戴尔莫与他的妻子伊丽莎白·波莱特（Elizabeth Pollet）住在新泽西乡村的一条土路边上。我又一次成了唯一的小孩儿，周围全是大人。索尔、戴尔莫和伊丽莎白会抽时间带我出去投掷橄榄球，但在他们没完没了的谈话时间里，我会就着戴尔莫的小型台球桌自娱自乐。戴尔莫最终将这个小型台球桌送给了我。

戴尔莫慢慢变疯了，很可能是患上了躁郁症。他那些漫无边际的想法充满了魅力，他连续不断地使用那些华而不实的概念传递着这些想法，而这些想法竟是令人惊异地让人信服。这些想法预示了他所彻底预期到的阿德莱·史蒂文森（Adlai Stevenson）执政期间美国文化的转变。他确定，通过在一个即将到来的黄金时代传播文化，民主将要发挥其改变世界的潜能。他的这个想法很受我父亲的赞同。戴尔莫业已不稳定的精神状态很快便急剧恶化，这将他送进了贝尔维尤的精神病房。他滥用药物，还酗酒，情况渐渐地变得越来越糟糕。

在曼哈顿，索尔经常假期时带我去帕特和多萝西·科维奇夫妇（Pat and Dorothy Covici）家的公寓用餐。帕特是约翰·斯坦贝克的资深编辑。门罗离开维京出版社后，他成了索尔在维京出版社的责编。我父亲说，斯坦贝克极度依赖科维奇的编辑意见，他俩的关系在这方面就像是父子。索尔坚称，他作为作者与编辑之间绝不会是从属依赖关系，但我父亲写给帕特的那些信件中，有一封上面直接写着寄给"科维奇父亲"，足以表明他同样依赖帕特·科维奇。

有那么几年，我们每年夏天都会花上一个月的时间待在长岛的尽头处或是待在科德角。我周末探望索尔时，他总会从写作中腾出一天陪我，但夏天里，每天早晨索尔写作的时候，我只能自娱自乐。大多数的下午，我们会去游泳，黄昏的时候，经常会有鸡尾酒会。索尔预料到我作为在场唯一的小孩，定会感到无聊，所以允许我带着丽兹出席这些酒会。我会坐在户外家具上，喂狗吃薯条，这些薯条，丽兹都是直接穿肠而过。去参加埃德蒙·威尔逊（Edmund Wilson）在韦尔弗利特（Wellfleet）的家里举办的聚会前，索尔看上去非常紧张。他告诉我，我们的主人是位非常著名的文学评论家，他要求我一定要规规矩矩。当时肯定是天气不好，我们待在了室内。我给丽兹喂了她平常吃的薯条量，然后她吃了又拉了出来。羞得无地自容的索尔不得不将威尔逊家的东方地毯上的狗粪清理干净。

无法在纽约州与安妮塔离婚，索尔于 1955 年去了内华达州。他住在皮拉米德湖（Pyramid Lake）边的简易窝棚里，周围都是风滚草。他给我寄来了一株香枝，我将它放在床边，在索尔长时间不在的日子里，会经常拿出来闻闻。很快萨莎去陪伴他了。索尔迫切地想与萨莎结婚。他们大约每周去里诺①购一次物，在哈罗德俱乐部玩二十一点纸牌游戏。阿瑟·米勒也住在里诺附近，也正在与

---

① 里诺位于美国内华达州西部，是美国著名的"离婚城市"。凡欲离婚者，只需在该市住满三个月，即可离婚。

第一任妻子闹离婚。玛丽莲·梦露①去那里探望米勒，这两对情人在那里建立了友谊。

回到纽约，四人相约一起用晚餐。他们在米勒家喝了一杯，其间，阿瑟招待索尔和萨莎，玛丽莲去穿衣打扮。大约过了一个多小时，阿瑟请辞离开了一会儿。很快他就回来了，竭力要求萨莎去卧房，帮助玛丽莲决定穿什么。萨莎很快帮她选好了衣着，两对饥饿的情人去了罗科餐厅。这家餐厅位于小意大利的北部边缘区域，很得索尔喜爱。玛丽莲穿了某种伪装，但有人传她出现在了这里。她最近刚蹬掉了乔·迪马吉奥（Joe DiMaggio），投入阿瑟的怀抱。她在意大利社区并不受欢迎，街上聚集了一群不安分的人。索尔不得不开了车直接停在饭店门口，这样玛丽莲就可以直接坐上车，避免出现不堪的场面。有好几年，索尔都给我带来了玛丽莲的祝福。我13岁的时候遇到了玛丽莲，当时索尔和阿瑟正被引入国家艺术与文学学院。我记得她长得极美，她周围围着很多人，但她还是跟我打了招呼。安妮塔对于我通过索尔认识许多名人感到沮丧。她觉得自己被甩在了后面，她曾经幻想索尔拥有的金色凯迪拉克里如今坐着的满是名流。

我和安妮塔去了芝加哥，外祖母戈什金和祖父贝娄都住在那里。不过，经常都是我和索尔一起去芝加哥。他和我会从纽约坐上二十世纪快车，跋涉18个小时到达芝加哥。我在餐车里喝姜汁汽水，我们一起赌博——对我而言，这是最奢侈的享受。如果索尔和我开车去，我们会一起唱歌度过沿途的时光。我们唱过《老霍根家的山羊》（"Old Hogan's Goat"）、《艾迪斯通之光》（"The Eddystone Light"）、《安妮·博林》（"Anne Boleyn"），以及一战期间

---

① 玛丽莲·梦露为阿瑟·米勒第二任妻子。两人1956年结婚，5年后离婚。离婚次年，阿瑟·米勒再婚，梦露自杀。

索尔的伯母珍妮在拉辛给他唱过的歌曲。

我记得最清楚的是范妮大婶落在我脸上的那些漫不经心的吻和犹太菜，例如舌条、煎白菜卷。我应该亲吻祖父，但我发现他的脸因为经常刮胡须而变得极为粗糙。亚伯拉罕有给孙辈们硬币的习惯。我将他给我的硬币放在了我从法国带回来的金属烟盒里，里面还放着索尔给我玩的一大捆沙俄时期的卢布。有一年夏天我们去探望他，我决定给祖父院子里的花浇水。我穿着短裤，没穿鞋子。祖父估计我会弄得一团糟。我坚持说我不会湿到袜子，不愿意脱掉它们。索尔那时候还是位溺爱的父亲，他支持我的决定。但祖父说得没错，我的确弄得一团糟。

祖父在世的最后几年，整个贝娄家人，包括来芝加哥探访的索尔，都会去亚伯拉罕与范妮大婶共有的家里，共享周日下午的餐食。经常去他们家的人包括：莫里、他的妻子玛姬、他们的孩子琳恩（Lynn）和乔尔（Joel）；萨姆、他的妻子妮娜、他们的孩子莱莎和沙尔（Shael）；还有简、她的丈夫查理·柯夫曼（Charlie Kauffman）、他们的儿子们拉里（Larry）和博比（Bobby）。每次祖母莱莎的名字出现时，她的子女们说到她都带着极大的敬重。那些周日的下午大致上都很和谐，但当他们谈到钱的时候，表面的亲善就会成为泡影。父母们来拜访的时候，孩子们则聚在一起玩竞争激烈的大富翁游戏。

亚伯拉罕发现金钱上的威胁是重申他日渐衰微的父权的最好方式。他与子女之间时有发生的争吵总是以他的威胁结束。他会宣称，他要修改他的遗嘱，剥夺现在正冒犯他的这个儿子或女儿的继承权。他竟然经常在深更半夜给他的律师打电话，指导他重新起草一份新的遗嘱，将这个子女排除在继承权之外。莫里很早便对他的威胁厌倦了。他对亚伯拉罕能给他的份额嗤之以鼻，强调他所能继承的金钱就那么点。但亚伯拉罕反复无常的威胁却对萨姆、简和索尔具有很大影响。索尔糟糕的经济状况使他尤为受到影响。我父亲总是会匆忙赶回芝加哥，了解新的遗嘱情况。当贝娄家的全体成员因为祖父坚持要大家听听新的资产分配问题而聚集在一起，他和他那位冒犯他的子女已经说和，这次的危机已经平息。等到下一次亚伯拉罕又会玩同样的花招，同样的场景又会重复出现。

我的祖父总是很具煽动性，他甚至让他的孙辈们互相为敌。我的堂兄乔尔行受戒礼的前夜，他和我的另一位堂兄沙尔待在亚伯拉罕和范妮两人的家中。无视乔尔因为将要当众诵读一段犹太律法而极为紧张的状态，祖父比较了乔尔和沙尔，突出沙尔而使乔尔相形见绌，因为沙尔一家更重视犹太教。第二天早上在犹太教堂，亚伯拉罕当众让乔尔的父亲难堪，他这是典型地在捣乱。莫里邀请了一些商业伙伴和政界相关人士，他们中有犹太人，也有非犹太人。莫里邀请他们是想给他们留下良好的印象。但乔尔诵读完毕，我的祖父起身致辞时，他坚称，如果可以选择，你应该"永远跟犹太人做生意！"

《奥吉·马奇历险记》出版时，我祖父非常自豪，因为他的拉比称赞了这本书。虽然我父亲向他要钱被他给拒绝了，但祖父一直都很担心索尔的经济前景，还告诉萨姆关照好他这个弟弟的生活幸福。

1955 年，祖父 78 岁时因心脏病去世。莫里通过关系获得了配有警报器的警察护卫，一路将我们从犹太教堂送到了墓地。索尔开玩笑说这简直是讽刺，因为亚伯拉罕人生中的大部分时间都是在逃避警察，他的最后一程却是由警察陪伴的。葬礼结束后，范妮大婶向索尔坦承，祖父前一晚想要做爱，但被她敷衍了过去，因为他感冒流鼻涕。范妮的说法使我父亲对亚伯拉罕更加敬畏，认为他是个强壮、好色的老手。虽然索尔和亚伯拉罕经常争吵，有一次亚伯拉罕甚至拿着枪追着索尔，威胁他再敢要钱就崩了他，但索尔对他的去世非常伤心。索尔以前的一位学生鲁丝·米勒前来吊唁的时候，她发现我父亲正听着莫扎特的《安魂曲》流泪。

《只争朝夕》体现了索尔失却了得到他父亲嘉许的希望。亚伯拉罕不仅不会向索尔展现他对他的爱，而且他还对自己的幺儿做了批判性评价，认为他还是个不成熟的爱哭鬼，没能吸取生活给他的教训，即必须要有坚韧的情感。我相信我父亲认同祖父对他的评价，但却没什么能力控制他的情感。《只争朝夕》三十年后被搬上了电影荧幕。汤米·威尔赫姆的父亲艾德勒医生由约瑟夫·怀斯曼（Joseph Wiseman）扮演。怀斯曼的外貌与祖父出奇地相像，完美体现了他对他儿子的严厉。见证了我父亲与祖父之间的那些场景之后，荧幕上汤米向他毫不留情的父亲乞求金钱的场景引起了我的注意。我跟家族里几个人都提过，这部电影非常打动我。我的赞美之词传到了我父亲索尔的耳朵里。他很生气，他认为，写作在把握人的本性方面远胜于电影。在之后的一次探访中，他抱怨我欣赏不来他的小说，还批评我对所有文学都没有兴趣。我告诉他，我一直在阅读也热爱那些伟大的小说家，但我无法将他的作品作为文学去欣赏。我说，"它们就是与我熟悉的生活场景太接近了。"和他往常的习惯一样，无论什么时候，不管你喜不喜欢，只要他觉得自己无从辩驳，便会保持沉默，而且再也没跟我谈论过这个话题。

虽然亚伯拉罕一直在威胁，但他并没有剥夺他任何一个孩子的继承权。索尔所继承的那一份有大约一万五千美元，这足够他在纽约州哈德逊谷买一套大房子了。不过，祖父对自己子女的种种威胁对索尔如何处理与儿子们之间的金钱关系产生了积极的影响。我们的父亲说得很清楚，每个儿子的财力问题自己负责，由此就避免了贝娄家族将家人和金钱问题混为一谈的有害做法。

他们的父亲去世之后，我的两位伯父、我姑妈和他们各自的家庭都步入正轨，过上了正常的中年生活。莫里在芝加哥是个手腕很厉害的人，玛姬每日劳累却有效地经营着他们的几间酒店。玛姬为她的商业头脑感到自豪。她与莫里形成了一个强大的团队，他们的关系一半是婚姻关系，一半是商业上的合作伙伴关系。莫里、玛姬、琳恩和乔尔住在滨岸酒店顶层，那里我去过，给我的感觉像是宫殿。十几岁的乔尔洗完澡后会用十条毛巾擦干身体。

萨姆不必再被照看卡罗尔煤炭公司的责任限制，他发挥出了作为商人的实力。他创设了有利可图的连锁型养老院，给家庭成员提供了入股的机会。我相信，萨姆希望让贝娄家族的人共享丰盈的利润，认为这能促进家人之间的关怀与和睦，这也是他在拉辛的那些日子所珍视的。他的妻子、我二伯母妮娜是一位充满抱负与精力的女性，但在她所处的那个时代，妻子外出工作表明丈夫能力差、没有能力养家，所以萨姆禁止她外出工作。家里的事都由妮娜作主，而她娘家一门都是拉比，我的堂兄沙尔和堂姐莱莎在严守教规的家庭环境中长大，萨姆几乎对此没有做出过任何干预。

简嫁给了查理·柯夫曼，他是贝娄家族的一位牙医。据传闻，他在牙科方面并没有什么技能。查理很年轻便结了婚，他对自己的婚姻感到厌倦，过着双重生活。他对家庭生活敷衍塞责，花很长时间与黑道人物赌博。大家都认为简是一位对她的孩子拉里和博比十分溺爱的母亲。安妮塔嘲笑简的细菌恐惧症，嘲笑她习惯剥橙子皮前先将之煮一遍，嘲笑她用化学药剂擦我表兄们小儿床的围栏，因为如果我的表兄们去舔的话，这些化学药品要比他们所能遇到的所有细菌都有危害。

1946年之后，我便不再居住在芝加哥了，也几乎与我贝娄家的姑妈伯母、伯父姑父、堂兄堂姐和表兄们没了任何联系。我习惯了宠爱我的戈什金家人的慷慨大方，他们都没有孩子，会在生日时赠我礼物、情人节时送我糖果。我的姨妈艾达和凯瑟琳来纽约看戏都会与我们住一起。凯瑟琳会带我去任何我想去的饭店，尽管我总是选择自助餐馆。贝娄家族的亲人对我漠不关心，对此我很伤心。我问过安妮塔为什么我富有的伯父莫里从来都没在我生日时送过礼物。

我们待在哈德逊谷的那几年是我父亲离婚后，我与他唯一一段稳定享有家庭生活的时光。索尔在巴德学院（Bard College）获得了一份教职，我有很多年都是在巴德学院校园里或者是靠近校园的地方度过夏天的。最初，索尔住在钱勒·查普曼（Chanler Chapman）庄园的马车房里。钱勒·查普曼是当地的有钱人，他与阿斯特家族有亲戚关系。索尔参加了在他家豪宅里举办的许多聚会，而且他肯定被当成了名流接待，因为他向我描述他在那里受到的待遇时，不得不解释"看重"（lionize）一词。

我在萨尔茨堡便认识的特德·霍夫曼和琳恩·霍夫曼就住在巴德学院校园里，他们经常关照我。霍夫曼夫妇的女儿们太小了，我没有与她们玩耍的兴趣，但我喜欢特德的风趣和他富有感染力的笑声。蜷缩在霍夫曼家客厅里的一张大椅子上，我会花上好几个小时全神贯注地看特德带给我的笑话书。索尔在巴德学院的第二年，他与特德工作日的那几天合住，因为琳恩在维京出版社从事编辑工作，她会待在曼哈顿。琳恩告诉我，她向维京出版社的市场部推荐了《奥吉·马奇历险记》，但却被加利福尼亚寄来的一个精美包裹给妨碍了。约翰·斯坦贝克将他的《伊甸园之东》(*East of Eden*)装在了一个手工雕刻的木盒里寄给了出版社。这给出版社的每个人都留下了深刻印象，她没法再将他们的注意力转回到索尔的小说上。

天气好的时候，我们会打排球或在巴德学院游泳池游泳。天气不好的时候，我们就在体育馆打篮球，萨莎在那里教会了我用一只手投篮，而索尔只知道他年轻时候那种老式的两手投篮方式。基思·博茨福德(Keith Botsford)是个耀眼的人，他与索尔之间有着几十年的联系，他与他当时的妻子安住在校园里。索尔总是为我寻找能照料我的人、能让我快乐的事。他打起主意请基思给我上网球课。我记得基思的父亲曾在奥林匹克运动会上打过网球，基思也是个非常棒的网球手。"网球课"包括他打出高难度球，那种球让即便是一个技术娴熟的成年人都很难回球，还有就是我不断地跟在网球后面奔跑。基思是我遇见过的最明显好胜心强的人之一，他无法忍受失败。甚至有一次在霍夫曼家玩拼字游戏，他使用了 nucio(罗马教廷教使)一词，但却用 t 代替了 c，拼成了 nutio。当琳恩提出疑问时，他气得发狂，声称 nutio 是另一种拼法，而且即便是查了字典表明他拼错了，他也拒绝承认自己出了错。

杰克·路德维格(Jack Ludwig)是巴德学院另一位耀眼的人物。他有一副浓厚的男低音嗓音，在学院合唱团里演唱，萨莎也参加了这个合唱团。我不知道萨莎和杰克是什么时候开始暧昧关系的，但到 1956 年时，这成为再普通不过的事情，即索尔、萨莎和我会一起几乎每天都见到杰克和他的一家人。我少年时期那些无尽的时间都是在附近一棵树上度过的。在那个位置，我不仅可以躲开大人们无聊的谈话，也不用与杰克的女儿苏茜一起玩。苏茜比我小五岁，毫无疑问，她也觉得无聊。

　　索尔戏谑地称他用继承来的财产购买的这座房子为"贝娄景观房"（Bellowview）①。房子坐落于一个叫蒂沃利（Tivoli）的小镇上，距离巴德学院有几英里远。我们搬进去之前，原先的房主莱恩兄弟——他们是古董商，在房子里举办了一场拍卖会。我、索尔还有他那位忠实的伙伴杰克一起参加了。拍卖的物件中有一件是房子的巨型纱窗。索尔很愤怒，因为他不得不再付钱买他本以为已经拥有的物件。他坚信，莱恩兄弟将房子里值钱的枝型吊灯也给弄走了。

　　房子非常大。底层有一半的空间都用作了优雅的宴会厅，比一个保龄球场都长，它高达 14 英尺的天花顶上尽是装饰华丽的石膏雕的植物。给这间宴会厅供暖的开销是索尔支付不起的，但即便我们在这样的环境中不活跃，拉尔夫·埃里森栽培的非洲紫罗兰却在那样的冷空气中生长得生机勃勃。埃里森那时候经常来拜访，后来直接住在了这座房子里。宴会厅对面是客厅和索尔的书房。房子的第二层有四个大的卧房，每一个房间都有着高高的天花板。房子外面树叶落了的时候，你可以从二楼的窗户看到哈德逊河。第三层有许多小一些的房间，曾经是给房子里的佣人住的。但现在第三层被封起来了，目的也是为了防止暖气外流。我们屋前草坪的对面是钱勒·查普曼为他的奶牛种植饲料玉米的一大片田野。索尔经常独自一人，有时候也与他的成年朋友们一起，在田野周围的小径上散步。房子后面有一个杂草丛生的大花园，我和索尔会从半野生的覆盆子密枝条上采摘果实作为我们的餐后水果。

　　接连好几个月，我们都是在楼上的一个房间里做饭用餐的，因为我们打算用作厨房的地下室没有可用的管道设备。索尔那年秋

---

① 该词应是索尔·贝娄仿照 bird view 造出的词。

天雇了个承包商，但他发现那没完没了的锤打干扰他的创作，于是他便每天离开家，坐几个小时的车去安静的亚多（Yaddo）——那个作家营地，留下萨莎处理承包商的问题。这让萨莎极为恼火，也奠定了他们后来的不幸。

1956年夏天的一个早上，一通电话吵醒了我们，电话里说艾萨克·罗森菲尔德在芝加哥去世了。索尔悲恸万分。虽然我对艾萨克只有一些零星的记忆，但我也同样很悲伤。据奥斯卡·塔尔科夫的女儿米莉娅姆说，奥斯卡得到消息后，震惊得一整天躺在沙发里一动不动。索尔因为过度悲恸，他本人无法去参加艾萨克的葬礼。艾萨克的遗孀瓦斯利基对他大发雷霆，但我父亲除了他的悲伤，看不到其他。

然而，悲伤、精神疾病以及苦楚遍布《雨王亨德森》一书。这本小说是在祖父和艾萨克先后故去后不久所写。钱勒·查普曼是个体格健壮的人，相应的，他的胃口特别大，他不愿接受传统成规，他也成了索尔悲喜剧主人公尤金·亨德森的原型。索尔的小说中使用了钱勒在迈阿密海滩用弹弓打碎瓶子的习惯——他会将玻璃的危险碎渣就遗留在沙滩上。这个屡屡被提及的故事成了我们全家的一个乐子。但许多年后，钱勒的侄儿（他成了我在加利福尼亚的朋友）告诉我，索尔对他叔叔种种怪癖的虚构性夸大伤害了钱勒。

《雨王亨德森》中，吉恩·亨德森选择了一条与痛苦和死亡缔约的生活道路。他一直摆脱不了《圣经》中的话语："悲伤的人，熟悉悲伤。"在索尔的高保真音响上面一遍又一遍地听了亨德尔的《弥赛亚》（Messiah）后，这句话深深地印在了我的记忆里。亨德森生来就享有物质上的舒适，他最深切的渴望是助人。他是一个热情却轻率粗心的人，无法遏制自己想要改善他人生活的冲动，但他给他想要帮助的人带来的只是更多的麻烦。一旦他因没能帮助别人而受到嘲笑，这样的嘲笑在他身上越积越多，其结果只是激发他愈加地要乐于助人。在非洲中部，吉恩遇到了他的灵魂伴侣达孚王，一个非常有教养的人。吉恩向他吐露了自己的梦想和恐惧。达孚通过镇定自若地走近一只母狮去探求他本人最深层的本性。这只母狮被捉住后，被关在了一只笼子里，但她可以在笼子里四处走动。达孚走近这只母狮，是在试图与一只随时可以杀死他的动物的精神进行交流。亨德森受他朋友的勇气鼓舞，渴望通过自己的灵魂去捕捉野兽的力量，于是答应跟着达孚做同样的事。他们两个人都没有成为野兽的猎物，但达孚却死于致命的人类野心。

我相信这两个文学人物吉恩·亨德森和达孚之间的关系关涉到我父亲与艾萨克·罗森菲尔德之间的深厚联系。先是从他们所共同阅读的书籍中，后又在他们更大规模的各自人生中，这两对灵魂伴侣在观念和经历中搜寻着人类最深层的本质。艾萨克去世之后，索尔将自己与他的这位朋友做了对比，认为自己不如对方，因为艾萨克总是乐于冒险，而我父亲则因犹豫不决且心存疑虑而不愿冒险。艾萨克完全彻底地拥抱了生活，包括接受了威尔海姆·赖希对身体和强烈情感的强调。艾萨克表现出的勇气几近于鲁莽无忌。索尔认为，艾萨克正是因此而以早夭付出了最终的代价。在《只争朝夕》中，索尔以讽刺的手法表现了赖希主义。与之相反，《雨王亨德森》则表达了我父亲尊重赖希强调情感是人类本性最纯粹的表达；赖希强调的这一内容是索尔理性的一面永远都不可能完全接受的。

第六章

背叛：1957—1962

　　萨莎说，她怀上亚当的时候，索尔告诉她养一个孩子对他来说已经足够了，这几乎是在表明他拒绝承担作为父亲的责任。但我记得我跟他们一起爬山为她的生产做准备，记得他们关于即将来临的孩子的对话，记得跟着兴奋的索尔一起去医院看亚当的场景。我记得亚当还是个婴儿的时候，萨莎是待在蒂沃利的，但到了那个夏天，我却看不到他们的影儿了。我父亲面无表情地说她搬去了布鲁克林，"离开这里去思考一些事情"。那段时间，杰克·路德维格定期驱车前往布鲁克林，表面上是为了"调解"索尔和萨莎之间的关系。

　　厨房改装好之后，我们在巴黎的朋友耶西·雷切克和我们住到了一起，当时他妻子劳拉回法国娘家去了。整个早上耶西作画、索尔写作，不过，那时候我已经有了一辆有些破旧摇晃的自行车，我可以骑着它去当地的游泳池。我们三个人开始使用新厨房，在里面做了土豆饼，还用花园里的覆盆子做了几批果酱，结果染红了所有台面。晚饭后，我们会在新的餐桌上以火柴棒为筹码玩扑克牌。我们邻居家有一只腊肠犬，我们让他与丽兹配种。它们正交配的时候，一声巨响吓到了它们，即便是人力都不能将它们分开。

索尔和耶西在两只汪汪叫唤着的狗的交合处放上了一块冰块，那场面极为壮观。耶西多年后提醒我，我告诉索尔自己对股票市场感兴趣的时候他是与我们待在一起的。我对股票产生兴趣时是13岁，当时是与福利斯特希尔斯的一位朋友一起对之有了兴趣。显然索尔因为我表达出对资本主义的亲近而伤心得哭了。

萨莎最终搬回了蒂沃利，我们住在乡村，周围也没什么认识的人，她和我之间的关系因此拉近了。我极度渴望能有点消遣活动，便在她带着亚当去雷德胡克的杂货店购物时也跟着他们。那个时候，我已经会在周末去看索尔的时候带上我在福利斯特希尔斯的朋友们，这导致索尔对我抱怨我在我们之间竖起了栅栏。他抱怨得没错。我的朋友中有一个小伙子叫迈克尔·里弗（Michael Riff），他与我父亲很合得来，还向索尔吐露了自己青春期关于宗教问题的困惑。迈克尔的父亲以前是位共产党员，也是个不从事犹太活动的犹太人。他将迈克尔送进了正统希伯来文学校，准备让他接受犹太男孩成人仪式（bar mitzvah）。学校坚决要求迈克尔穿戴护身符，那是一块带有流苏的布，穿在衬衫里面，通常被称作tsitsis。迈克尔告诉索尔，他学完希伯来语回到家，等着他的只有他母亲给他做的火腿便当，而这种食物是严禁犹太人食用的。他会在饭前小心翼翼地脱下衬衣，很担心不合犹太教规的食物油脂沾到他的tsitsis上。我父亲觉得迈克尔的窘境很有意思，他和我很多年里都会拿它开玩笑，迈克尔的那段往事也变成了我家里人尽皆知的事。

另一位蒂沃利的访客是我姑妈的儿子拉里，有一年夏天我在蒂沃利的时候，他也去待了几天。据我的堂姐琳恩说，拉里将他的大舅莫里（琳恩的父亲）理想化了。那个总是令人刮目相看的莫里对拉里慷慨解囊，这鼓动了拉里对他的盲目崇拜，还助长了他阿谀奉承的脾性。拉里待在蒂沃利的那几天，家里好几个钱包里的钱都不见了。我父亲无疑是想要消除自己对他外甥最大的担忧，便问我是不是知道钱哪儿去了。我被激怒了，带他去了我的房间，将我过去几个星期所有的零花钱，除了其中一些我用来集邮的费用，全部摊开放在了壁炉台上。我指着那几块钱和一把零钱朝他大喊，"那就是我所有的钱了。"索尔沉默着离开了我的房间，他就是这样，遇到没理的时候便会一言不发。后来我们多次争吵后，我开始明白他罕见的无话可说其实是一种不必认输的默认。

家里的钱还是在不断消失。显然，随意放在外面的钱并不能满足拉里的盗窃癖，这后来证明只是拉里盗窃行径的冰山一角。拉里之后参了军，因为偷盗，也许还不止这一点，而捅了娄子，最终被关进了旧金山的普雷西迪奥的军事监狱。他行将释放的前一晚被人发现在囚室里上吊死了。他的死亡疑团重重，我二伯萨姆去了旧金山想要将事情弄个水落石出。但随着他一点点揭开事件的细节，他发现的是越来越多龌龊的真相。萨姆不再追问任何问题，但整个家庭却因为拉里的非自然死亡而毁了。

我与安妮塔继续在福利斯特希尔斯生活，我也开始安定下来。1955 年秋，我在皇后学校上了几年学后，回到了 175 小学上五年级。学校就在家附近，都不用过马路。人生中第一次，我开始与家住附近的同学交朋友。就学习方面而言，传统的小学总能让人如梦初醒，因为我好几项技能都不会，包括普通书法也不行。我落后得非常多，以致老师在一次家长会上向安妮塔暗示我可能有点"迟钝"。尽管我的老师很担忧，但我第二年还是通过了一项考试，可以将三年的初中学业压缩至两年完成。不幸的是，我学业上的不足又一次困住了我，我不得不回到普通班级，按部就班地读完三年。大约就是在这段时间，索尔在一次监护人探访之后送我回家。向来放任我的父母让我坐下来，简单地问我是否想要举行犹太成人礼仪式。因为我的新朋友们都抱怨他们放学后还要上希伯来语课程，我就说不要，他们接受了我的决定，也就这样定了不举行犹太成人礼。

20世纪50年代中期，我在纽约的家庭成员有安妮塔、我以及安妮塔的表姐毕比。毕比那时已经嫁给了弗朗西斯·德雷尼尔斯（Francis de Regniers）。弗朗西斯是个古板的法国人，毕比是在二战后的一个埃及难民营工作的时候遇到他的，毕比还为他弄了一个全新的身份，这其中就包括"借用了"法国名门贵族的姓氏。毕比的父母对弗朗西斯的身份很怀疑，我们还在巴黎的时候，他们曾拜托索尔对他的背景进行过一番调查。调查发现弗朗西斯原名叫葛拉杰，是名会计师。索尔认为毕比为弗朗西斯捏造一个贵族身份，这是她持有过度浪漫主义想法的典型例证。

毕比没有孩子，但她是许多非凡的儿童作品的编辑者与作者，她的职业表明她始终还是个孩子。毕比很宠爱我，我还在母亲肚子里时，她便读书给我听；她溺爱着我，每年都会精心为我挑选生日礼物，每一件礼物都能体现我当时的兴趣喜好。我也回报了她。我会带着她去中央公园里的爱宠动物园，这是她所爱，但成年人只能在小于12岁的孩童陪同下才能进去。

毕比、弗朗西斯、安妮塔和我会一起庆祝感恩节和我的生日。我们一起享用精致的晚餐，之后还常常一起观看毕比精心策划的戏剧或小短剧。塔尔科夫一家在50年代后期搬到纽约后也成了我们家庭的一部分。我此时特别迷棒球，塔尔科夫一家第一次来我们公寓做客的时候，我不断地给奥斯卡展示一本满是棒球数据的书里我感兴趣的条目。奥斯卡一定是意识到我想独占他的注意力背后隐藏着我渴望父亲的每日陪伴。塔尔科夫一家人会和我们一起参加节日庆祝活动，奥斯卡在这些家庭聚会结束前总是会来上一段快乐之舞——一些极具表现力的舞步，最终以他长长的身形靠上最近的沙发结束。我所认识的人中没有其他人会像他这样公开表达他的热情。奥斯卡对他的子女和妻子的爱非常明显，而且他还在他的心里为我留了一席之地。

我父亲的心里也充满了这样的热情，但他不会像奥斯卡那样如此自由地表达出来。不过，很早的时候我模糊地感觉到我父亲能理解我的情感，那是安妮塔做不到的。在我 16 岁的时候，我第一次直接示意，温情对我而言，对索尔而言，对我们之间的亲切情感而言，都很重要。我买了一张风趣的父亲节卡片给索尔，上面写着"给我爸"（To Me Fodder）。我一般不太留意母亲节或父亲节，因为我父母两人都认为那些节日都是资本家的借口，目的是要人们购买贺卡。我不再像以往那样犹豫不决，因为我在卡片里面写道："爸，对我来说，你一直就像是妈。"这句话里包含了作为父亲的索尔和作为母亲的安妮塔在赋予我的情感方面存在的真实差异。

从我青春期开始，我和我父亲单独在一起时，他总会询问他为之界定的我的内心生活。起初我还有些困惑，但很快我意识到他想要我思考我对自己是否满意。这开始了我们之后的定期对话，我们称之为"真正的交流"。一开始，这些交流由索尔主导，他反复解释他为什么会离开安妮塔，这其中包括她强硬的性格，她梳妆抽屉里写着他名字的信封，甚至她那道无味的烤金枪鱼食谱，这是我俩都不喜欢的一道晚餐食物。历经数十年，我们交流的内容变得越来越多，我们会谈论我们的家人、我们社会政治观的差异，以及那些终究属于我们共有的过去。这些交流一直是我们共度的那些时光的重要特征。

索尔和萨莎一直不让我知道他们婚姻中的那些争吵，索尔也是过了好几年才告诉我萨莎与杰克之间私情的细节。我作为旁观者见证了许多他们之间发生的事情，而且我后来读了《赫索格》。阅读这部小说为我提供了另外的视角去审视我所记得的事情以及索尔和萨莎的解释。

说到萨莎与杰克·路德维格之间的私情，我父亲掩耳盗铃似的对之不理不睬了好长一段时间。他接受了萨莎的辩解，为杰克前往布鲁克林的那些探望寻找合理解释，并且对他们的忠诚深信不疑，这一定程度上是因为他对杰克的阿谀奉承感到适意。13岁的时候，我已经开始与索尔争吵。有一年夏天，我与索尔之间的争执持续了好几天，杰克想要成为我的知己，他对我说，"万一你想找个人说说。"我拒绝接受他的示好，他的语气让我毛骨悚然。我敢说杰克试图通过成为我的"好友"而赢得我的信任，正如他赢得了我父亲的信任那样。

我十几岁的时候还太年轻，辨识不清杰克对我父亲长期的阿谀奉承隐含的问题。十年前，我遇见了约瑟夫·弗兰克（Joseph Frank）和他的妻子。约瑟夫是陀思妥耶夫斯基的传记作者，他们在索尔、萨莎、杰克和拉亚·路德维格（Laya Ludwig）离开巴德学院前往明尼阿波利斯的时候正在明尼苏达大学工作。弗兰克夫妇二人都义无反顾地公开谴责杰克极度的阿谀奉承行径。虽然杰克对索尔、对弗兰克夫妇极为恭敬，但他在巴德学院学生面前则非常自大、自以为是。特德·霍夫曼描述了他与杰克一起走在校园里的一次情景：杰克主动大声地给那些路过的、疑惑的学生们提供建议，告诉他们哪种避孕套最好。琳恩·霍夫曼要生产的时候，杰克陪着特德和琳恩去波基普西市（Poughkeepsie）。特德觉得他应该待在医院，但是杰克声称他对"这些事情都很了解"，他告诉特德生

法为仅仅努力活过又一个充满苦痛日子的人提供多少安慰。字面意义上的背叛者是玛德琳·赫索格，摩西的妻子。摩西给予她呵护性的情感，而她回报的却是与摩西最好的朋友上床。瓦伦丁·格斯巴赫是摩西往昔的密友，摩西将自己的一切都对他倾诉，瓦伦丁却与玛德琳上了床。还有埃德威格医生，他是位著名的心理分析师，却似乎无视玛德琳对摩西的欺骗，也不关心他作为心理分析师的忠诚对绝望的摩西有多重要。

　　萨莎坚持说她的婚外情中是索尔与杰克之间产生了真正情感。她称杰克是索尔的情人而非她的，以此来强调她的这一想法。在《赫索格》一书接近结尾处，摩西指责瓦伦丁透过玛德琳的肉体搜寻着他。萨莎不顾杰克对索尔的企图而乐于维持与杰克的婚外情，这在很大程度上是因为她对索尔有怨愤，我父亲将自己婚外情的生动细节（或许是吹牛）告诉了杰克，杰克又转而将这一切告诉了萨莎。如果这还不足以解释萨莎为什么乐于维持与杰克的婚外情，那另外可能的原因就是索尔将蒂沃利房子里厨房的结构调整工作全部丢给了萨莎去做，而且他也没有承担起作为亚当的父亲的责任。

　　萨莎不只是因为要报复索尔才与杰克有了婚外情，因为他们的这段关系在她与我父亲离婚后还持续了很长时间。萨莎和亚当搬去了长岛大颈(Great Neck)，杰克在那附近教书。五年后，我和萨莎为了杰克大吵一架，我怪她还维持着跟杰克的关系，她则辩解自己就是要维持那段关系。十年后，当时已经 16 岁的亚当问我，在我看来，他父母的婚姻为什么会出现问题。我告诉他他的父亲和母亲都爱得过于热烈，他们两人都不知道该如何控制自己的激情。

　　索尔被萨莎的美貌、机智与魅力吸引。萨莎放荡不羁的过往孩子要好几个小时，拉着特德出去喝上一杯。特德回到医院的时候正是琳恩生产的节骨点上，他差一点就错过了他第一个孩子的出生时刻。

几经分分合合且必定是经历了几次十分激烈的争吵之后，索尔希望他们已经问题重重的婚姻可以在明尼阿波利斯有个全新的开始，他获得了明尼苏达大学 1958—1959 学年的教职。索尔再次进入明尼苏达大学人文系，但在他出版《奥吉·马奇》之后，他已经有能力坚决地为杰克要求一项教职了。索尔仍旧被自己的错信蒙在鼓里，他先将萨莎和亚当送到了明尼阿波利斯，让他们先去找公寓。很快杰克也去了，他和萨莎经常一离开就是几天去"找公寓"，亚当就留给米茨·麦克洛斯基照顾。

经历了赖希分析法之后的索尔对任何的治疗方法都不信任，但是在明尼阿波利斯，萨莎要求他再次尝试，他答应了，显然这表明他孤注一掷地想要保住他们的婚姻。十年前我们住在明尼阿波利斯的时候，赫布·麦克洛斯基就规劝索尔与保罗·米尔医生（Dr. Paul Meehl）见个面。米尔医生是位杰出的学术型心理学家，他正与赫布合作进行政治学研究。他的智慧给索尔留下了良好的印象，在这十年间，米尔医生还获得过临床训练。索尔此时就找到他作为治疗师。

对索尔进行单独治疗半年多后，米尔医生也接受萨莎成为他的病人。他对临床边界（clinical boundaries）不屑一顾，甚至在麦克洛斯基家里举行的聚会上当着索尔的面亲吻萨莎，这足以表明他很自大，以至于他获知萨莎与索尔最好的朋友之间产生了私情却并没有立即将萨莎转给他的同事进行治疗。毫不意外地，索尔开始不再感兴趣于自己的治疗，而是极力劝说米尔医生告诉他萨莎到底想如何。

认为这颗心灵的形成出自瓦伦丁在孩提时代遭遇的一场可怕事故。瓦伦丁承受痛苦的同时还不断分担着摩西的痛苦,这与埃德威格医生冰冷、冷静的态度形成了直接对比。在经历了一个令他失望的治疗疗程后,摩西感觉更糟了,他便立即转向瓦伦丁寻求他极度渴望的慰藉。摩西在写给埃德威格医生的一封信中严厉批评了他,并在信件结尾处写道:"我是你的病人……"这是抗议也是恳求,揭示了索尔是真的渴望得到帮助,期待能得到这位心理治疗师的忠诚,虽然索尔认为萨莎能将他玩弄于股掌之间。

我一直想弄明白索尔为什么会对如此公然的欺骗视若无睹。答案在于他的逻辑能力,他愿意去相信。他两个精明的哥哥永远都不会看不出别人的欺骗,而索尔却无法辨识。我父亲会也的确是带着同样的活力与信念为同一个问题的两个方面论证。他使用或者误用了逻辑划分他的生活,毫不愧疚地按照自己的意愿行事、欺骗。他因此能够让自己相信毫无证据的事实,在此意义上,杰克与萨莎在他看来值得信任。

当索尔最终意识到这一切的时候,他就像只受伤的动物。他向每一个愿意倾听的人说萨莎和杰克的坏话。他了解到发生的一切之后不久,有一次去瓦斯利基·罗森菲尔德家做客,我都能透过紧闭的门扉听见他的咆哮。1960年,在我最喜欢的中国饭店里,他开始向我抱怨萨莎。我当时才16岁,我很喜欢萨莎,便为她辩驳了几句。我是为自己辩护,也是为萨莎辩护,我自称安妮塔作为社会工作者的经历教会了我该如何去理解别人,这样的理解使我确信萨莎是个好人。这样荒谬的观点几乎很容易就被索尔驳倒了,但我并没有因此而改变想法,在萨莎的余生中,我一直都与她保持着良好的关系。

《赫索格》描绘了一个叫摩西的人遭遇他所挚爱的两个人的可

怕背叛后,努力要恢复理性,这耗尽了索尔对什么是真实的掌控力。索尔的主人公竭力想使自己恢复正常,我父亲必然也是那样努力过。经受了婚姻中的不忠行为之后,摩西卷入了一个极度情色的事件,这再次肯定了他的性欲求。而在一场不幸之后,他在充满呵护的家庭中找到了安慰。极为烦躁不安的摩西行使监护权探访他年幼的女儿时遭遇了一场车祸,被警察勒令停靠路边。他并没有保持清醒,而是遁入了一系列抽象、推理性的观念中,这正是我父亲被现实事件压垮时会有的做法。不过摩西·赫索格在纯粹观念中没有能够找到足够的慰藉,而我也确定索尔同样没能从其中寻找到足够安慰。

直到摩西沉浸在他哥哥温暖、呵护的照料中,他才能平静下来并恢复他的风度。更为重要的是,在他的信任遭到背叛后,摩西躲进了他童年一幕幕的美好回忆中,并最终拿起笔给故去的母亲写了一封感谢信。与他的叙述者一样,我父亲在他陷入困境的时期,他在他的磐石山(Rock of Gibraltar)——对祖母莱莎伟大心灵的令人安慰的记忆——中找到了他极度渴求的慰藉。

虽然索尔和萨莎争斗不休,青春期和中学的到来却对我大有好处。我有了丰富的社交生活,每天会在操场上打几个小时的篮球,去参加舞会,与姑娘们约会。我会坐地铁去曼哈顿,顺道拜访一下瓦斯利基·罗森菲尔德,因为福利斯特希尔斯的姑娘对于我确实认识住在格林威治村的人而印象深刻。安妮塔很高兴我能在放学后和周末出去约会,她支持我独立,坚持要求我学会所有的生活技能,如此我便可以搬出去后自己照顾好自己。

我孩童时期的忧伤转变成了青少年时期的怒火。我经常依据我对是与非的高度道德感公然、直接、激烈地与我的父母争吵。我母亲总是因为她能极好地容忍我的怒火而骄傲，但当我把她给激怒了，她便会说，"我真是等不及你赶紧摆脱这个阶段了。"我越来越厌恶听到她说这句话，因为我感觉对我来说很严重的事就那么被她大事化小了，我会讽刺地要求她如果不知道怎么跟我相处，就该回去看看她那些育儿书。我父亲很喜欢我跟我母亲回嘴，因为安妮塔在育儿方面非常模式化，她的观点总是那么死板，这些经常被索尔拿来解释他为什么会离开我们。

多年来，索尔一直对我说他发现与一个愤怒的青少年相处要比与一个忧郁的孩子相处容易得多。毫无疑问，看到我将因他离开而产生的忧伤抛之脑后，他觉得很宽慰。后来，我成了儿童心理治疗师，索尔评论说我将自己童年时代的痛苦变成了一项事业。我将之形容为我的天赋，因为我能与遭受伤心与绝望的男孩们沟通。

不过，我对索尔的批评会让他很敏感。我发现他连续好几个月都没有给安妮塔支付赡养费后，便从道义出发给他写了一封言辞尖锐的信件，表达我的愤怒。安妮塔过去常与索尔因为金钱而争斗，她知道我这是在鲁莽地冒险，建议我控制自己的愤慨。索尔并没有对我说他的财政问题与我无关，而是给我回了一封信为自己的行为开脱。他要我不仅对我母亲，也应该对他公平。但他也指责我这个声称自己是社会主义者的人标准不一，他还利用他的作家身份强调他不在乎钱，他的血脉里流淌着神奇的血而不是金钱。五十年后，令我最为惊讶的是我对他的指责从未放在心上。无疑，我已经认可了他的自我辩解，那就是他作为艺术家有权利让别人失望却不必受到惩罚。

20世纪60年代早期，安妮塔获得了HIP医保计划中的一个医疗社会工作职位，那是一项提前付资的集体医疗计划。对她来说，这项医保计划与她数十年来梦想的公费医疗同样好。那时候，我要上学，安妮塔整个星期都要工作，但我们每个星期天的早上总会花上几个小时一起读《纽约时报》。安妮塔有好几年都避免接触男性。不过，几年之后，她开始与一位有着三个孩子的鳏夫约会，他住在曼哈顿正北边的韦斯特切斯特县（Westchester County）。我们会在那里度过一些周末时间，这持续了一年。安妮塔和我在周日晚上驱车回福利斯特希尔斯，我们听着汽车收音机里吉恩·谢泼德（Jean Shepherd）那些有趣又怀旧的单口段子大声发笑。

1961年感恩节的那个周末，安妮塔的一位老朋友雪莉·坎珀（Shirley Camper）邀请她参加一个聚会。雪莉在威斯康星州的麦迪逊待了很多年，她邀请安妮塔的目的是想将她介绍给巴兹尔·布萨卡（Basil Busacca）认识。他是雪莉在麦迪逊认识的，刚刚丧妻，当时他在洛杉矶的西方学院教授比较文学。安妮塔和巴兹尔一见如故，不到一个月之后的圣诞节期间，我母亲去了加利福尼亚看望巴兹尔已经上大学的几个孩子，而我则去了蒂沃利看望索尔。

我开始了高中的最后一个学期，我记得安妮塔一边一支又一支地抽着烟，一边敲击着打字机给巴兹尔写一封又一封长信，而我就在她的敲击声中沉入梦乡。与此同时，在美国西海岸的巴兹尔也在用他的打字机敲打着，然后在午夜时分外出给安妮塔寄出一封封信。到1962年三月，他们认识仅仅四个月便决定结婚了。在我的要求之下，安妮塔将婚礼推迟到了六月，我不想我高中最后一年剩下的三个月时间还要换学校。

巴兹尔计划在福利斯特希尔斯度夏，并在皇后学院（Queens College）教一门课程。九月，他将与安妮塔搬去他在加利福尼亚州南帕萨迪那（South Pasadena）的房子，而我将去上大学。他们的计划虽然切实可行却非常糟糕。巴兹尔想要将他的意愿强加给我，我则事事处处与他作对。整个夏天，安妮塔都夹在我俩中间，因为巴兹尔和我总是争吵。索尔努力劝解我，预言说有一天我会感激因为有巴兹尔保护并照料安妮塔。他的话最终证明是对的，但在那个标志我幼年时代结束的讨厌的夏天，我并不会接受那样的观点。

我中学的最后几年里遇到了之后会成为我父亲第三任妻子的苏珊·格拉斯曼（Susan Glassman）。苏珊在曼哈顿的一所私立学校道尔顿学校（Dalton School）教英文，她在市区有一小套公寓。她开始出入我们在蒂沃利的家，我始终都很欣赏她充满活力且拥有迷人的个性。苏珊后来不再在道尔顿学校教书，不过那是在她给我介绍了一位名叫露西·撒洛扬（Lucy Saroyan）的学生之后。露西是作家威廉·撒洛扬（William Saroyan）的女儿，我很快就爱上了她，尽力想要在长途电话中用我的风趣征服她，但约会了几次之后她便对我没什么兴趣了。

苏珊是家里唯一的女儿，她的父亲弗兰克是一位成功的整形外科医生，母亲德罗丽丝（Delores）很时髦。苏珊和她弟弟菲利普在富足的环境中长大。她曾就读于一所公立高中，然后从韦尔斯利学院（Wellesley College）毕业。她父亲不想让她继续读研究生，但她却用毕业礼物支付了自己硕士阶段的费用。我不知道她怎么认识菲利普·罗斯的，那时她正与五十多岁的罗斯约会，不过他们有一次约会的时候去了索尔在芝加哥大学举办的读书会，在那里她将自己介绍给了我父亲。几年后，苏珊住在纽约的时候与索尔约会了，她还去了波多黎各看望在那里教书的索尔。1961年，他们举行了婚礼之后在芝加哥大学待了一整个冬季学期，这是他们离开纽约前往芝加哥的前奏，之后索尔获得了芝加哥大学社会思想委员会的一份永久教职。他的那份工作开始于 1962 年九月,同月,我成了芝加哥大学该学院的一名新生。

我们从欧洲回国后的十年里,索尔先后失去了他的父亲和他亲密的朋友艾萨克·罗森菲尔德。他的两段婚姻都破裂了,这两段婚姻各给他留下了一个儿子。死亡、离婚和背叛使索尔早期曾拥有的许多关于时间和人际关系应该如何运作的希望破灭,他那些天真的幻想成了泡影。猫有九命,显然,我父亲却有幸获得比猫更多的命数,他总能重新站起来。我至今仍不清楚,他在那十年间会在多大程度上因两次婚姻的失败和个人的痛苦而责怪自己,或许更重要的是索尔的内心生活是否受到了倾注于他所创作的四部小说中的悲伤的影响:《奥吉·马奇历险记》《只争朝夕》《雨王亨德森》以及《赫索格》。

渐生隔阂

第七章

声名与不幸：1963—1976

　　大一新生的一场迎新接待会预示了将要发生的变化。接待会上有一项活动是一排学校领导人与我们握手表示欢迎，我向他们介绍我是格雷戈里·贝娄。到与第三位校领导握手时，他们都称我为"索尔家的小子"。虽然索尔才刚刚被委任了教职，但我很恼怒他在校园里那么有名，而且我很快就明白了我毕业后不可能留在芝加哥完全自食其力。我一点都不怀疑再过上十几年，我父亲的声名会迅速增长，绝不会局限于芝加哥。

　　我那么渴望的大学教育迫使我幡然醒悟。大学里的每一个人都很聪明，许多还很杰出。人生中第一次我尽一切可能地去学习，但成绩却不理想，这让我觉得自己很笨。大一那一年里，我经常去苏珊和索尔位于 55 大街上的一套不大的两居室公寓。我带着我的论文去寻求他们的帮助，苏珊做的饭显然比宿舍的伙食好多了。苏珊极有魅力且非常机智，我们之间有过许多愉快的交谈。两年后我决定主修心理学的时候，我们就心理分析学派有过激烈却友好的争论。不过，我每次去的时候总会花很多时间为苏珊干体力活，这让我讨厌。我大一那年暑假前，索尔和我在我宿舍门前发生了激烈的争吵，原因是他答应帮我带箱子回纽约却因为车里堆满了苏珊的东西而办不到了。

那一年里，我与索尔的关系时好时坏。他对我在学业方面的吃力、对我与我母亲之间的激烈争吵深表同情。安妮塔和巴兹尔将我的教育经费全部投入了他们全新生活之中，这违背了她之前的承诺，她说过要支付我一半的大学费用。索尔很支持安妮塔获得新的婚姻，他承担了本应是安妮塔承担的我那部分学费，但他同时认定我们同处一所高校形成的地域临近关系可以让他有机会弥补过去他在我生活中的缺席。18岁的时候，我最不愿意的事情就是亲近我父亲，但索尔却坚持己见。特德·霍夫曼当时正好经过芝加哥，我便向他求助。不知用了什么方法，特德和索尔一边喝酒一边让索尔明白，不再干涉现在已经是个年轻人的儿子。

我们都知道奥斯卡·塔尔科夫的心脏虚弱，但他在我大二那年去世，围绕他的葬礼的一系列事件大大冲击了我对索尔的信任。我们都很爱奥斯卡，我觉得索尔、安妮塔或者我必须出席他的葬礼。我们都已经商定了计划，如果索尔因为苏珊怀孕而不能前往，那就我去。索尔向我保证他会去的，但苏珊出现了健康问题，他没办法离开她。葬礼后，我父亲只是轻率地告诉我他没出席葬礼。我因为他没有及时给我打电话让我代他去而大发雷霆。

奥斯卡的离世让我极度悲伤，也让我在学业方面觉得更加吃力。二年级一学年过了一半，我变得非常抑郁，我付出那么大的努力，但学习成绩却很差。那个时候安妮塔和我的关系已经改善了。在那之前，我和巴兹尔之间大吵了一番，这番争吵自1962年那个充满紧张氛围的夏天就开始酝酿，争吵过后，我们之间消除了疑虑。我告诉了索尔和安妮塔我的挫折感，我们三个都认为我应该接受治疗。

我的心理治疗师遵循了当时流行的治疗模式，他就不发一言地坐在那里。我希望能得到更直接的帮助,他的不参与强化了我本就强烈的自主性,但这却让我更难理解别人的重要性。我不愿意谈论我们之间的关系,他有时会对此发表意见,但我尤其对他的意见置若罔闻。他对我起不了什么帮助,这让我很不耐烦,而且在他的诊疗室里我并没有什么深刻认识。尽管我很反感他,但当我一个人思考我们的治疗疗程的时候,我对自己了解了很多。随着我的治疗接近尾声,我随口说起了安妮塔。我的治疗师注意到我们治疗期间我母亲明显没有出现在我们的谈话中。就是在那个时候我才与他严肃地讨论起我保护自己的方式是拒绝承认我受到了任何人——我的母亲、父亲、女友、心理治疗师——的影响。我开始明白我对与女性保持长久关系持有悲观态度,它的形成源于索尔一段又一段失败的婚姻和我见证的随之而来的索尔与她们相互间的敌意。随着治疗的进行,我不再与我父亲或是我的现任女友争吵。在我热衷于心理学之后,我的学习方面也慢慢不再那么吃力了。

1964 年的秋老虎(Indian summer①)那段时间,我度过了我的20 岁生日,我父亲也成了那位著名的作家索尔·贝娄。《赫索格》出版了,他的戏剧《最后的分析》也被搬上了百老汇的舞台。八月末,我去了纽约,与索尔、苏珊还有我的婴儿小弟丹尼尔一起生活。一个晴朗的早晨,我和索尔走在第五大道上,苏珊吩咐要给我买套"合适"的西装在即将到来的庆祝活动上穿。我们经过好几家书店,它们巨大的玻璃窗里满眼都是一本又一本蓝皮装的《赫索格》。

---

① 表示秋老虎、小阳春的意思。这是出现在美国东海岸中部各州的一个很特别的天气现象,通常出现在 9 月下旬至 11 月期间,因为时处深秋即将进入冬季之时天气突然回暖,如回到了温暖的阳春,便常被称作印第安小阳春。

虽然我们尽量忽视它们，但我和索尔最终还是停下来盯着一家书店里陈列着的《赫索格》看。索尔耸了耸肩，似乎接受了这样的公开曝光将要带来的变化。对于他的生活同样也对于我的生活来说，无论好坏，在庆功的那几周里都发生了永久的变化。穿着我那套新羊毛西装，想着它代表我从此不再籍籍无名，我感到很不开心。但苏珊却得心应手。她性格外向，每一场庆祝活动都盛装出席，她发现生活在纽约成为公众人物正是她所想象嫁给索尔·贝娄会出现的情况。

坐在昏暗的贝拉斯科剧院的后排，我观看了《最后的分析》的彩排。戏剧主人公巴米奇是位自封的哲学家之王，他有着雄心勃勃的计划，想要通过电波对民众进行心理分析从而实现美国高雅文化的扩张。因为戏剧的演职团队不强，彩排并不成功，索尔请来了当时在匹兹堡教戏剧课程的特德·霍夫曼。我父亲希望特德能帮他实现从他所熟悉的小说创作模式转向他所不熟悉的舞台。首演夜，我去了萨蒂斯剧院与演职人员一起等待剧评。索尔期待会获得一致好评，并已经关注起一部轰动百老汇的戏剧会带来的金钱收益：戏剧上演的每一周都会给索尔带来六千美元的收益。但剧评相当糟糕，这部剧上演两周便撤下了舞台。

在纽约为《赫索格》和《最后的分析》所举办的各种庆祝活动到十月份结束的时候，我、索尔和苏珊返回了芝加哥。我开始了大三的学习生活，索尔重新开始了他常规的创作与教学活动。因为《赫索格》的成功，索尔的经济状况发生了永久性的变化。《赫索格》出版后不久，我一言不发地坐在那里听了索尔、我二伯萨姆和我姑妈简用意第绪语进行的交谈。我在高中刚刚学了德语，我知道索尔正告诉他们他源源不断获得的成千上万美元。

索尔会被苏珊吸引，一部分原因在于她承诺她会处理好索尔所厌恶的实际生活中的细节问题。苏珊并不喜欢干家务活,她雇了一位名叫格西的好心女人照顾丹尼尔并且做家务。但她奢华的品位以及索尔新近获得的财富很快就渗入了他们新的生活方式。他们买了一套合作公寓①,公寓朝向密歇根湖岸边的一座漂亮公园。公寓内外都铺上了白色的毛绒地毯,十一个房间里都摆放着好看的家具和现代艺术品。索尔的书房四面墙上都装着落地大镜子。索尔的许多朋友都认为装上这样的镜子是苏珊的主意,象征着她渴望沐浴在索尔的功名之中,但事实上苏珊和索尔买这套公寓的时候,它们已经在那里了。

我是由一位节俭的母亲和一位直到我18岁才有稳定收入的父亲抚养长大的。我从未经受过贫困生活,但我们总会因为钱而焦虑,也会鄙视我大伯父莫里代表的那种炫耀摆阔。我发现他们的新公寓里到处都是奢侈品,它们是那么令人厌恶,我很不痛快地向索尔抱怨了这一点。他说他对它们不感兴趣,而且那些财富也不会阻止他继续进行创作。他最后还说,"我们俩都知道,我真正关心的是写作。"如我一直所做的那样,我接受了他关于艺术表面价值的言辞,但开始转而常去他位于社会学大楼五楼的那间朴实无华的办公室。

索尔意识到我不愿去他们精致的合作公寓后,便指责我只在想跟他拿支票的时候才会去。我告诉他可以将支票寄给我,并且还讽刺地补充了一句,如果我的确去了他们的公寓,那也只是因为我想去! 金钱在贝娄家族具有强制性与决定性的影响力,我没有一天忘了这种影响力,正如亚伯拉罕威胁剥夺他的子女的继承权是他控制的工具。金钱与父母对孩子的控制力之间的关系在贝娄

① 合作公寓屋主不拥有居住单位,拥有的只是合作公寓的股份。这一股份只给了房主独占居住空间的权利,但是不具有拥有的权利。

家族下一代人身上仍然表现得很明显。毫无疑问，我努力避免陷入那样的经济困境，这解释了为什么索尔晚年总是热情洋溢地谈论我的经济独立。

祖父的长子莫里坚决放弃了他父亲承诺给他继承的财产，我与他一样，尽量播下情感独立的种子，几乎不从父母那里拿一分钱。从大学毕业的时候，我告诉索尔六月份他给我的支票是我问他要的最后一张支票。幸运的是，我获得了一份奖学金，加上我夏季打工的收入，这些足以支付我的研究生学习费用。直到索尔去世我才完全明白，我避免受到他新获得的财富的侵蚀性影响，我那也是在勉力保持着与艺术价值和道德价值的联系，这些一直存在于我成长的过程中。

索尔与苏珊的婚姻关系没过多久便开始恶化了。索尔不满意苏珊的社交活动安排，不满于她在教工方庭俱乐部打上好几个小时的网球。他最初是抱怨苏珊打网球而使她变得"太健壮"，但他更多的是被她的生活方式惹火了，这一点他在《洪堡的礼物》中大加批判。他们之间最严重的婚姻摩擦出现在苏珊"教化"索尔的计划中开始包括一些生活中的变化，例如离开芝加哥去一座像纽约或伦敦那样更加国际化的都市。这些年来，有好几个人告诉过我，她甚至规劝索尔放弃写作。这种要求简直就是要我父亲放弃呼吸。到1966年秋我在芝加哥大学社会公益管理学院开始学习的时候，他们公寓里的氛围已经变得极其令人厌恶了。晚饭桌上谁都沉默不语。不过，直到他们的婚姻关系恶化，索尔才开始抱怨他们奢华的生活环境以及苏珊挥金如土的习惯。这让我很恼火，因为我早几年完全就同样的问题向他抱怨过，他当时还为她辩护。

随着他们的婚姻关系急剧恶化，苏珊规劝索尔去海因茨·科胡特医生(Dr. Heinz Kohut)那里接受治疗,但那只是一段很短时间的治疗。受又一段失败婚姻的折磨,索尔在治疗过程中开始哭泣。我父亲告诉我科胡特医生将一盒面巾纸推给他,告诉他以后别再这样哭了！在雷菲尔德医生鼓励他要毫无顾忌地表达他的各种情感后,索尔现在惊愕地发现他被要求控制自己的情绪。毫不奇怪,他结束了治疗。

三岁的丹尼尔因为父亲的离开而非常难过,更糟糕的是苏珊还解雇了格西,因为对她来说,格西也成了她不再负担得起的奢侈品了。我很喜欢这个可爱的小弟,便继续去看望他们。丹尼尔喜欢将尿撒在那些我所讨厌的白色地毯上以表达他的忧伤,我得承认,白地毯上的黄色污斑大大取悦了我。

索尔开始以他自己的方式享受着富裕的生活。他聘了一位名叫阿曼多的裁缝给他做西装,那些西装总是用彩色丝绸作为里衬。我大学毕业的礼物就是一套阿曼多做的西装,但我选了颜色较保守的里衬。好些年之后,在亚当的婚礼上我们取笑那些西装,为了证明我的观点,我走过去轻掀我父亲的西装外套露出了里面的涡纹图案里衬。索尔也开始从伦敦的一家商店购买定制的鞋,这家店里还保留着我父亲的脚的木质鞋楦。

索尔从他们的合作公寓搬出去的时候就做出决定,他的新公寓的陈设要比苏珊现在占据的合作公寓的陈设更具品位。他选择家具时异乎寻常地仔细,购买了一块昂贵的手织东方式地毯和一辆梅赛德斯奔驰车。许多年里,苏珊都一直在海德公园附近开着他们那辆白色雪佛兰,索尔说她那样做是想要羞辱他,因为他拒绝给她钱。苏珊执意要索尔因离开她而受罚,她使用着他们的联合信用卡以迫使他支付她所买的任何东西,结果证明她在法庭上也是索尔的劲敌。他们之间的诉讼与反诉讼来来回回好几次,有几项诉讼还持续了好几年，费用贵得让人难以置信，最终丹尼尔还被牵扯上了法庭，这对他造成了极大的伤害。按索尔所说，好几个法律团队都无法令他满意，他们无疑受到了限制，因为他期待得到快速、有利的结果。索尔越来越多的财富使他能够聘请一波又一波的律师与金融顾问团，他们先后被解雇、辱骂，然后被其他心甘情愿的团队取代，这些团队又会遭遇注定的命运。

与苏珊分开后，索尔重新恢复了与老街坊里那些粗俗的伙伴们的友谊，这些伙伴是以前苏珊所反感的，他还与海德公园附近的朋友们恢复了友谊。迪克·斯特恩（Dick Stern）经常在下午和晚上陪伴我父亲，他失策地鼓励马克·哈里斯（Mark Harris）成为索尔的传记作家。哈里斯的《索尔·贝娄：冰丘上的土拨鼠》（*Saul Bellow, Drumlin Woodchuck*）出版于 1980 年。这部传记描述了我的父亲是如何引领他，一位被寄予希望的传记作家，进行了一场快乐的追逐。毫无疑问，传记中满是对我父亲的恭维和逗乐。显然索尔并不想参与这本书的创作，但他没办法直接拒绝。相反，他仿效了他最喜欢的啮齿动物土拨鼠，一旦觉察到危险，便消失在地道里，那里有足够确保他能逃生的通道。这贴切地描述了我父亲喜欢拐弯抹角进行表达的习惯，他只是离开而不会直接对哈里斯说不，以免伤害了他。

哈里斯在《冰丘上的土拨鼠》中记载了索尔与苏珊刚分手不久后的一大批迷人的女性伙伴。索尔厌恶晚上独自一人待在海德公园的公寓里，年已 55 岁的他强烈地渴望重新肯定自己的魅力。他在洪堡公园的老朋友萨姆·弗莱菲尔德和戴夫·佩尔茨（Dave Peltz）给他找了几个女人。这些随随便便的私通都是我不在索尔身边的时候发生的，但有一次索尔仓促地让我离开他的公寓，因为他要招待"几位客人"。我离开的时候看见戴夫正从路那边走过来，殷勤地跟走在他后面的两位女性开着玩笑。我父亲会语带双关地称她们为"自杀式的金发女郎们"，因为这些女人"用自己的手将头发染成了金色"。

大学所能提供的精神上的伙伴也吸引了索尔，他尤其喜欢与执拗的爱德华·希尔斯（Edward Shils）待在一起。我们三人经常一起穿过一片危险的居住区，来到63号大街高架铁路下的一家沉闷的中餐馆。我不知道为什么索尔和爱德华都喜欢这个侍者都穿着不合身的礼服的地方。爱德华称这家餐馆为"中国佬餐厅"（the Chinks）。我向索尔抱怨这称谓代表着歧视，而我父亲却维护他。我父亲就是那样，总是忠诚于他当下喜欢的朋友或妻子。终究，爱德华和索尔分道扬镳了。我不知道他们争吵的细节，但许多年后我去波士顿看望我父亲时，菲利普·罗斯正好打电话询问他与爱德华的关系。我无意间听到索尔说他无法忍受爱德华试图控制他的思想。索尔会摆脱像爱德华这样有影响力的纯理性主义知识分子，这似乎是源于他抵制别人对他的控制力。这一点也明显地表现在了他的许多小说，尤其是《奥吉·马奇》中。每当索尔觉得他被像爱德华这样有影响力的人控制太多或是他不想满足他的那些妻子的要求时，他便会断绝与他们之间的关系。不过，虽然他经常断绝这类关系，但他会等到这些十多年的关系已经恶化后才表达他的不满。他的这些抱怨很大程度上成了公众的消费品，也在很大程度上掩饰了索尔曾经对他们有多依赖。有个例子涉及他的第四任妻子亚利山德拉。当时，索尔与莫里为他们共同投资的一处房地产交易的财务收入争论不休，亚利山德拉提出由她去佛罗里达调解这件事，并尽力让兄弟两人言和。彼时，索尔称赞她的行为极为高尚，但在他们的婚姻关系破裂后，索尔改弦易辙，大发牢骚，认为她在协商过程中太贪婪。此时的索尔完全忘了他之前的赞美之词。

索尔还恢复了与芝加哥及他认为可以持续存在的邻域地区的联系。我读研究生的时候，他遇到了当时是我的女友、现在已成为我妻子的乔安。大约与乔安交谈了十分钟，索尔便问她是不是在芝加哥西罗杰斯帕克地区①长大的。乔安很震惊，也有点生气。她问索尔怎么知道的。索尔说："我研究了芝加哥各个居住区的口音。有几个词，从你对它们的发音方式，我可以辨别出来你来自哪片居住区。"

伴随财富而来的是声名。起初，索尔拒绝成为他称为"剪彩师"——主持公共文化活动的人——那样的角色，他也慢慢赢得了不爱抛头露面的声誉。但公众的视线还是被他吸引了。他喜欢朗读，喜欢利用一切机会与记者们争辩、对评论者们做出回应、让公众了解他对社会文化问题的看法。作为他社会地位的象征，索尔参与出演了伍迪・艾伦（Woody Allen）的电影《西力传》（*Zelig*，1983）②，加上儿童心理分析学家布鲁诺・贝特海姆（Bruno Bettelheim）以及《我们父亲的世界》（*The World of Our Fathers*）的作者欧文・豪（Irving Howe），他们三人扮演了当下的三位犹太智者。索尔对电影脚本不满意，便在拍摄前重写了他的对话部分。索尔还获得了法国政府颁发的文学与艺术骑士勋章。他很自豪地佩戴着那枚勋章，如此持续了几十年，直到他遇到一位法国人在西装翻

---

① 西罗杰斯帕克地区（West Rogers Park）位于芝加哥北部，原为印第安人领地，后吸引了大量来自欧洲的移民，其中包括犹太人。这一地区，人口密度大，为多种族聚居区。

② 又译《变色龙》《泽利格》，是伍迪・艾伦带有自传性质的电影。电影讲述了犹太人西力传奇的一生，他能适应各种环境并与之融为一体，故而有《变色龙》的译法。

领上佩戴着一枚一模一样的。当他得知那位法国人获得这枚勋章是对他养猪所取得的成就的奖励，索尔的勋章便消失不见了。

一大批崇拜者蜂拥至我父亲的家。来自海德公园的一位年轻黑人布伦特·斯特普尔斯（Brent Staples）想要见我父亲，他刊登了一篇关于他努力接近我父亲的奇怪的叙述文字。索尔不知道他为什么会觉得不知所措，他很想弄明白为什么斯特尔普斯不直接给他的秘书打个电话，然后确定见面时间。但我觉得斯特尔普斯的敬畏诠释了索尔作为公众人物是神话般的存在，因为他有名气便吸引了许多人对他产生兴趣，使他更加以自我为中心。索尔看到了声名所要付出的代价，看到了声名阻碍了一种诚实平等的关系，早年间，他与他所敬重的同辈人如艾萨克·罗森菲尔德、阿尔弗雷德·卡津以及很多其他的知识分子之间正是这样一种友谊与竞争关系。艺术批评家哈罗德·罗森伯格（Harold Rosenberg）去世后，索尔说他非常想念哈罗德透过电话传来的声音，痛批索尔说："我不敢相信你最近写的就是一堆垃圾。"

《洪堡的礼物》出版于1973年，是我父亲对声名所带来的"好"运的文学思考，这甚至是在他获得诺贝尔文学奖之前便有的思考。书中还提出了他对美国社会"文化"的两层意思的思考。冯·洪堡·弗莱谢尔是一位被现代生活毁了的诗人，他的老友查理·西特林所写的一部戏剧首演时他前去抗议。查理·西特林的戏剧获得了评论界的好评，经济收入方面也取得了巨大成功。洪堡指责西特林这部剧中的主要人物是以他为原型的，他还利用了他们的一些关于传播高雅文化的珍贵想法。西特林的成功与洪堡的失败以及他之后籍籍无名之死之间形成了鲜明的对比。在美国，诗人的危险在于他们自愿疏离于社会，这是一种痛苦却必要的自我排斥，它有助于诗人频繁的疯狂，这些诗人往往如果能变得非常出名,那也是在其去世之后。与之相对的另一重危险在于,诗人被那些鸡尾酒会上渴望与文化名人接触的设计师、精神病医生们搞得窒息。仔细思考了洪堡的命运和他自己的商业成功后,西特林承认他禁不住诱惑结交了他们两人曾经鄙视的对手:那些富有、成功却并非真正致力于文化的庸夫俗子。

《洪堡的礼物》是戴尔莫·施瓦茨身体恶化与死亡的真实写照。戴尔莫的健康状况因为他不受控制地滥用精神药物而急剧恶化。他与艾萨克·罗森菲尔德的遗孀瓦斯利基住在一起。瓦斯利基的儿子乔治虽然还只是个青少年,但他却已经明白戴尔莫疯了,可他觉得他的古怪行为很有意思。在戴尔莫最后的那几年里,索尔变得赫赫有名。他有一次在纽约街头看到了这位日渐老朽的朋友,然后他躲了起来。他在小说中坦承了这一可耻的行为。

1972年,索尔的老友约翰·贝里曼(John Berryman)自杀,这同样印证了他关于诗人需要付出代价的观点。贝里曼去世后不久,我们一起出席了麦克洛斯基夫妇在伯克利举行的一场晚宴。索尔与贝里曼在明尼阿波利斯的一位好友艾伦·西格尔曼(Ellen Sigelman)聊起贝里曼的自杀事件。我父亲说他很容易理解为什么约翰不想待在这个俗世,但他不能理解约翰怎么能背弃他的《李尔王》——也就是,背弃艺术。

我知道,不管写出来的是诗歌还是小说,写作都是一件非常辛苦的工作。我还记得,不论寒暑,索尔从他书房出来,我都能看到他的衬衣因为汗水湿透。写作给我父亲带来的身体与精神上的伤害就像是攀爬一根电线杆所产生的影响:紧握高压电线,让电流从他体内流动很长很长时间。索尔不时打趣道:"沉溺于性事要安全多了。"他的意思是,对于一个作家来说,相较于嗜酒,沉溺于性事是更有利的恶行。嗜酒折磨着约翰·贝里曼、拉尔夫·埃里森和戴尔莫·施瓦茨，这是他们致力于写作所付出的高昂代价。

　　我对索尔以及他的那些作家朋友的深深敬意激起我以激烈的方式努力保护他的隐私，也激励了我接受他在艺术与生活之间设定的界限。结果，我倾向于对索尔的声名做出消极的反应，当他的声名波及我的时候，我的反应更加糟糕。《赫索格》出版后不久，我去看望索尔和苏珊。穿过他们在芝加哥的那栋漂亮公寓的大厅时，我很友好地与门卫点头问好。他没有给楼上呼叫便让我进去了。这时另一位住户问他我是谁。他告诉她，"哦，那是贝娄先生的儿子。"她转向我，以一种傲慢的调子跟我说，"赫索格先生，你没理由那么无礼。"

　　我觉得索尔和安妮塔长久以来一直持有的左翼政治看法与他们纵容式的育儿思想紧密交织在一起，他们很少约束我，鼓励我独立，这些都标志着我们家的门风。这样的家庭风气当然源于我的父母双方，但是安妮塔一直都比索尔更加激进。1959年我的初中毕业典礼上，安妮塔拒绝在国歌声中起立，索尔责备她过分地展露了自己的激进主义。我们家的基本信条中还包含对艺术与文化的极度欣赏，对莫里所代表的摆阔陋习的完全鄙视，完全不遵守宗教仪式，同情贫穷或遭遇歧视的人，在不越过警戒线的前提下支持有组织的劳工活动，尊敬各种族的人，致力于公平，这种公平体现在个人根据其自身需求所界定的社会主义理想中。安妮塔通过她的工作表达了家庭信条：最初是巴黎的难民工作，之后是运营计划生育诊所，最终是为她所认为的公费医疗制度的单一付款人健康计划工作。

　　10岁的时候，我便已经完全了解玛格丽特·桑格（Margaret Sanger）以及节育问题。在资本主义世界短暂冒险之后，到16

岁时,我已开始致力于世界社会主义运动。17 岁时我立志成为一名律师,为全国有色人种协进会工作。我甚至找到了可以让我五年内从学院毕业并获得法律学位的培训机构。安妮塔看了我的课程表,否决了我的计划,坚持要求我先接受普通教育。我有好几年一直都很嫉妒我父母和他们芝加哥大学毕业的朋友们思想深邃。18 岁的时候,我开始认同我母亲的看法。我下定决心要考入芝大,因为我最渴望的就是能像他们那样思考,我愿意刻苦学习以便能被录取。我作为社会主义者的事业规划在一场关于马克思辩证唯物主义的讲座之后结束了。我在讲座过程中睡着了,那之后不久,我对法律也失去了兴趣。1968 年离开芝加哥时,我坚信我们这一代人的格言,那就是如果你不是解决方法的一部分,那你便是问题的一部分。我一直恪守着这一格言,至今我仍能发现其中蕴含的极大价值。我从未在我母亲那里听到过与这一格言相悖的任何言论。1968 年前,我也没有从索尔那里听到过与之相悖的话语。

安妮塔积极鼓励我拥有激进主义思想,她在我生日和光明节(Hanukkah)①时给我买了许多关于萨科与万泽提(Sacco and Vanzetti)②以及俄国革命的书籍。我父亲的朋友们先前都是托洛茨基主义者,而我父亲甚至害怕被传唤至约瑟夫·麦卡锡的众议院非美活动调查委员会(HUAC)作证,但他的政治倾向并不像之前那么容易确定了。他 1948 年的小说《受害者》中弥漫着乐观主义精神,我从中确定了"年轻索尔"的观点是:我们都是我们兄弟们的守护者。

---

① 光明节,又译献殿节,为犹太节日之一。

② 萨科与万泽提为 20 世纪初移民美国的意大利人,处于社会底层,具有激进社会思想,因或许并非他们所作的案件而被捕并被判重刑。这两个名词某种程度上已成为为呼唤自由而遭受迫害的代名词。

就我们盛行的家庭信条来看，我与索尔在他的大学办公室里的那些长谈中会出现民权抗议活动、越南战争、20 世纪 60 年代中期及晚期美国社会的动乱等问题，就很容易理解了。我们都支持民权运动，但对越南冲突升级的问题则产生了分歧。我觉得美国卷入了一场不道德的战争，索尔则含蓄地争辩美国社会是好的社会，她赋予其公民自由，这使得其政府值得赢得其公民的支持。他的观点是那种被这个国家所欣然接受的移民的典型观点。当我成为我这一代人中参与芝加哥及华盛顿特区的抗议集会中的一员，甚至当我反对参与战争之时，索尔并未感到不安。但当我因拒绝合作而将自己的幸福置于危险之中时，我们的争论变得更为激烈了。到我进入研究生院进行社会工作研究之时，我们之间的分歧才有所缓解。进入研究生院继续学习使我的短期征兵兵役延期，暂时缓解了我们俩的焦虑。

1968 年，随着我的学业接近尾声而越南战争肆虐，我的选择归结为两种令人不快的前景：加拿大或是监狱。索尔并不想搬去加拿大，但他一想到我要进监狱就很厌恶，因为他担心我在监狱里要么会受到暴力的侵害，要么会成为同性强奸的受害者。我们之间的争吵越来越激烈，我会吼着提醒他，他曾经是那个书架上放着圣雄甘地作品的人。我常气鼓鼓地冲出他的新公寓，留下暴怒中的父亲。

我成年时期与索尔和安妮塔的争论，实际上成为我自研究生院学习开始与他们之间进行坦诚交流的序幕，那样坦诚的交谈在他们的余生中一直持续。索尔时不时地会询问我的内心生活，这在我深刻地思考我自己的情感及认真对待我自己的想法方面起着关键的作用。我们开始了"真正的交谈"，逐渐从他反复解释为什么与我母亲离婚，转向了标志他意识到我已是成年人的相互坦诚。

　　我们之间的交谈当然不会像我的治疗那样是反省式的，但它们是真诚、直接以及索尔所谓关涉心理的，所用的事例充满讽刺、逻辑矛盾、作为人间喜剧一部分的失控的虚荣以及必死的命运。这些交谈是关于索尔所称的"赤裸裸的事实"，它们通常在我们共同的关于人类行为的迷惑中结束。我所珍视的并非索尔说了什么，而是他坦承他有哪些不明白的、无法足够好地回答的问题。他的坦承让我觉得离他很近，因为那些是让我们都感到困惑的问题。

　　我们"真正的交谈"也是解决我们之间冲突的一种方式，因为我们俩都无法容忍我们之间留有针对彼此的恶感。家里人都很震惊我会与我父亲那么直接地谈论一些敏感话题。那样的谈话持续了四十年，加上我作为心理分析师的从业经验，它们让我深深感受到人与人之间最重要的是要了解那些未加掩饰的真实情感，避免闪烁其词，热爱人类的愚行。《更多的人死于心碎》中，肯尼斯·特拉亨伯格与他舅舅本诺·克雷德之间最根本的联系在很大程度上让我明白，与自己的父亲如此坦诚是什么感觉。

　　任何一场交谈的细节都可与其他的交谈融为一体，这已是我每次拜访他的常规活动。莫里的女儿、我的堂姐琳恩·贝娄去世后，因为我们聊得那么直接，以至于那次谈话关于死亡的一些零星片段牢牢地留存在了我的记忆里。索尔接到了满是恐惧的琳恩打来的电话，他这位侄女当时正被推向手术室。琳恩说："我爱你，索尔叔叔。"索尔接着对我说，"我告诉她我也爱她……她肯定害怕熬不过去。"然后他就沉默了。"的确是害怕。"我对他说。"她当时正凝视着自己的死亡。"

　　我曾恼恨安妮塔，因为她没能支付我上大学的一半费用，那是她应当支付的。这样恼恨的情绪慢慢消失了，我们之间的争论也消停了。我去南帕萨迪那看她，在她钟爱的花园里，我们也开始了长谈，那些是我成年后关于她最快乐的回忆。边喝咖啡边吃着松软的法式奶酪，这是她的一项饮食嗜好，我们谈论我的生活、她在加州的新生活、我们作为社会工作者的事业、我们共有的价值观念——追求真理、公平对待他人以及追求社会正义。

不过，我会对直面真相这一条家庭准则做一项关键的改进。我一搬到旧金山便借助我所从事的心理分析，开始视陈述情感真相为一条中心价值，这是对我们家庭准则的补充，它让我父母两人都不太自在。安妮塔回避她内心最深处的情感，她清楚认识到自己的内敛性格，这让她极为沮丧。而我在她那里找不到我想要的安逸与慰藉时，便会批评她。索尔更加艰难地与他的各种混乱情感做着斗争。尽管他一生都无法应付温柔的人类情感带来的影响，但这温柔的情感却处于我父亲的灵魂核心处。与我父母与自己温情的一面不断做斗争不同，我终究逐渐积极地将温情的一面融入了我自身，在我的生活中发现了它的价值，在我的工作中不断使用着它。

幸运的是，我研究生院的学习结束、服兵役的时间临近之际，我获得了美国公共卫生署的一项特殊服役任务。我在旧金山的一家医院里服役，在那里，我觉得我可以心安理得地为那些从越南战场上回来的伤残人员服务。安妮塔说我陷入了 schmaltz gribble，意第绪语，意思是生活中的甜蜜斑点。我不必进监狱也不用去加拿大，这让索尔松了一口气，他也非常高兴我能住在旧金山，但当他清楚我并不打算回芝加哥后便不那么高兴了。

60 年代后期的动荡及其对社会和学术界的影响，逐步却相当大地改变了索尔的个体及政治观念，这深远并持久地改变了我们之间的关系。依据我们的家庭准则来看，我将他身上发生的那些变化界定为政治性的变化，虽然我们很少讨论民选政治问题。这一转变涉及他在关于文化的论战中最终选择的立场。这场文化论战其实是一些群体要求获得权力，这些群体不断被剥夺公民权，他们对此公然表示愤怒。索尔的个体转变表现为他在公开与私下里都回归了他的犹太之根，还表现为我描述为代际态度的变化，即从反叛之子反转为权威父亲。我们之间数十次的争吵中、私下里我长期忍受的长时间谩骂中，发生在他身上的个体以及政治方面的变化，无论在他看来还是在我看来，都是不可分的。

对于即将发生的角色反转，索尔并未在言辞上给我任何暗示，但从《赛姆勒先生的星球》中，我可以清晰窥见其端倪。这部小说是关于自我蒙蔽后又突然认识到令人痛苦的真相的故事。我父亲与其叙述者阿特·赛姆勒一样，在很多方面都选择视而不见。像阿特和许多犹太人一样，大约二十年的时间里，我父亲都完全不理会犹太大屠杀中骇人听闻的恐怖。但他们共有的无视态度有一些早在大屠杀之前就存在：战前为全人类造福的乌托邦思想所滋养的过度乐观主义；受同辈与朋友称赞的有才华的年轻人过于自负；不承认他们的犹太之根，因为索尔和阿特这两个有远大抱负的人都试图增长文化见识、获得别人的接受。

1967 年阿以战争（Arab-Israeli war）爆发之前，我父亲鲜少提及犹太大屠杀。但战争爆发之时，我父亲立即要求当时《华盛顿新闻报》（Newsday）的出版商比尔·莫耶斯（Bill Moyers）给他弄一张记者证，这样他就可以作为记者报道整个战争。我给他打了几次电话都没有人接之后，我才了解到他人在以色列。索尔回来后我非常生气，抱怨他不该一声不说就消失，并且将自己置于那样的危险之中。他只是回了我一句,"我必须得去。"

阿特·赛姆勒承担了相同的记者任务,可以第一手地接触战争中那些死亡、衰败的景象、声音与气味。他真切地感受到以色列的毁灭很可能引发第二次大屠杀。我父亲也是一样,他在战争中深切感受到大屠杀与现代生活引起的彻头彻尾的恐怖,这是任何政治争论或是逻辑建构都无法做到的。

纽约的堕落让赛姆勒先生对社会噩梦幡然了悟。索尔担心纽约的堕落预示着地球上人类的凶险未来,因为人类正计划登上月球。索尔揭示,社会秩序崩溃是因为他与他这一代中的激进分子对人类本性怀有过度的期望与乐观主义,这种期待与乐观主义在20世纪60年代后期像癌症一样长在了肆无忌惮的自由体内。

街头无政府主义体现在个体的各种混乱形式以及需要获得重申的家庭内部权威的崩溃。赛姆勒先生对总是不听话的年轻一代很失望,他喜欢的只有那些顺从他的意愿的孩子。孩子欠父母的巨大债务凸显在艾力亚·格鲁纳这位过度溺爱孩子的父亲的临终之时。在其病房外,赛姆勒先生迫使艾力亚的女儿趁来得及的时候为自己的失检行为向她父亲道歉,因为那些行为让她父亲很伤心。或许更令人震惊的是赛姆勒先生无情地将他女儿的爱扼杀在了摇篮中,因为赛姆勒先生认为她迷恋的对象配不上她,认为她应该一声不吭地服从!

有些人,随着年龄的增长,他们会趋于持有愈加保守的政治态度,经常后悔虚度了光阴。其他人,像我母亲和她的姐姐们,则不会那样。但隐含在《赛姆勒先生的星球》中的解决方法,在新出现的"老年索尔"看来,在于恢复父亲一代的权威。生活中,我父亲要求获得他先前不曾行使的权威,这开启了我们两人之间的争执与激烈冲突,它们在他的余生中愈演愈烈。《赛姆勒先生的星球》出版近十年后，文化战争中的战线才更加分明，"老年索尔"的社会悲观主义才完全占据了他的思想。但索尔从支持这样的年轻一代——他们质疑我父亲在其生活与小说中所倡导的已确立的知识形式，转变为要求年轻人尊重并遵从老年人，因为老年人知道如今什么才是对每个人最好——但正是这群老年人将美国拖入了一场不道德的战争。自此之后，我便开始对索尔持反叛态度了。

在亚利山德拉·巴格达沙·约内斯库·图尔恰（Alexandra Bagdasar Ionescu Tulcea）与索尔结婚之前，我从未见过她。索尔与亚利山德拉相遇时，她已经是位有声望的数学家。亚利山德拉出生并成长在罗马尼亚。她的父亲杜密特鲁·巴格达沙（Dumitru Bagdasar）是一位神经外科医生，曾在美国接受过哈佛大学著名神经外科医生哈维·库兴（Harvey Cushing）的培训。她的母亲弗洛丽卡（Florica）是位儿童精神病医生。她的父母亲相识于医学院，他们两人都在走政治钢丝：钢丝的一端是他们致力于护理病人，另一端则是他们在一个极权主义国家担当着卫生部长的角色。

亚利山德拉出生于 1935 年，她父亲在她 11 岁那年去世。杜密特鲁去世后，弗洛丽卡显然因为她在二战中接受了同盟国的帮助而受到了惩罚，成了政治上不受欢迎的人。母亲和女儿的生活变得不稳定了。亚利山德拉那时候学了数学并与之前的一位老师结了婚。1957 年，她丈夫获得了一次难得的机会，前往美国参与一项特殊研究计划。这对夫妇去了耶鲁大学，注定再也不会回故国。

20 世纪 70 年代中期，亚利山德拉成为西北大学一位数学教授，离了婚。我不确定是否亚利山德拉与索尔的前几任妻子的不同之处，包括她不是犹太人、全身心地奉献给了她的事业，在索尔做出娶她的决定中发挥了作用。但他肯定不确定他下一步该做什么。与亚利山德拉结婚前，索尔冲动地向伊迪丝·塔尔科夫（Edith Tarcov）求过婚，但所幸伊迪丝拒绝了。

当我了解到亚利山德拉的职业需要数小时的独处、沉浸在她自己的抽象形式中，我希望她对数学的非凡热情能适合我父亲作为作家的生活。他们结婚后，索尔带着亚利山德拉来了加州，为我俩引荐。那时候我已经与乔安结婚并有了宝贝女儿朱丽叶。贝娄家族新一代的出生带来的希望让索尔很兴奋。他告诉我，朱丽叶让他感受到了人类的延续性。之后的来访中，亚利山德拉会和朱丽叶偷跑去当地的一家购物中心买热巧克力，并疯狂购物。亚利山德拉会独自在我们家的一间里屋待上好几个小时，每次她离开房间的时候，房间地上总是铺满纸张，那些纸上满是抽象的数学符号。我问她是否需要留着它们的时候，她总说不需要。

索尔搬去了芝加哥北区。亚利山德拉在那里有一套公寓，可以远眺密歇根湖。亚利山德拉觉得空间太狭窄，便将毗邻的公寓也买了下来，这样就可以让他们俩都拥有书房，彼此不受打扰地发展他们的智力兴趣。亚利山德拉是个非常孤僻的人，索尔在工作的时候也非常注重不受人打扰，但他每天的写作任务完成后便会思念他在海德公园时期的伙伴们。索尔参加过亚利山德拉的一些专业会议，但与那些古怪的高级数学家聊天让他难以忍受。

与索尔保持地理距离，是我避免他要求的关注与控制中的第一层，之后我还会有一系列避免受他影响的保护层。当佛蒙特州的乡村成为索尔和亚利山德拉的避暑胜地时，我们在朱丽叶还小的时候会长途跋涉去那里与他们会合。去往当地一个游泳池的路上，我们三岁的小姑娘高兴得蹦蹦跳跳跑到了大人们的前面。索尔转头跟亚利山德拉称他的孙女是个"美妙的小姑娘"。但我父亲写作、亚利山德拉做学术研究的时候要一个活泼好动的孩子闲坐一整个上午保持安静，这让我想到了我枯燥的童年。最终，我畏惧了这样的家庭度假，也不再努力想要与他们一起度假，这在我们之间竖起了又一层隔阂。

索尔也设立起了许多障碍，这些障碍通常形成于那些让我伤心的挑剔性评判之后。有时候，我觉得那些评判太让我伤心的时候，便也会提出反对意见甚至公然违背他的意愿。我 1970 年与乔安结婚的时候，邀请了宠爱我的所有戈什金家族的亲友还有索尔参加我的婚礼，婚礼并没有邀请太多人，且都是我自己出的钱。我邀请了所有戈什金那边的亲友，却没有邀请其他任何一位贝娄家族的成员——我的孩童时代，贝娄家的所有人都对我不闻不问。索尔暴怒，他十分地不满贝娄家族的人遭到了怠慢，不满戈什金家里的亲友在数量上多过了贝娄家，不满看到安妮塔和巴兹尔幸福地在洛杉矶安了家，而他却又经历了离婚尚未再婚。

不过，索尔对我的影响往往比我想要的多得多。往常，我所相处的是一个总是能为自己的观点找出充分证据的人，但到我二十大几岁的时候，我已经厌倦了用他的标准评判自己，虽然我从未完全摆脱他的不满对我造成的伤害，不管这种不满是他自己清楚说明、暗示还是由别人传达给我的。

索尔有着令人惊奇的能力，他能不说一个字就将自己的愿望表达得清清楚楚。蹊跷的是，我相信他有能力将愉悦他人的想法转变为让他们做出愉悦他的行为。（因为我经常感受到这样的压力，所以我很容易会识别出他这样的能力。）通常，人们只是按照他所想要的方式行事，但他们往往会在他未做要求的情况下多做出一步，为他辩解。索尔的周围是一批骨干型的人物，他们都很乐于传递被认为是他的信息的内容。我父亲保护着自己不会去传递那些不好的消息，使自己避免被直接拒绝的危险，也不会与那些令他恼怒的人聊天。结果，他的周围总是不乏"议论之声"。

不满意于我总是处于他那种间接性交流的接收端，我会突然打断他的那些代言人，坚称，"我不接受我父亲的替代者。"我弟弟亚当还太年轻，还不懂做出选择。索尔与丹尼尔的母亲苏珊之间长久且激烈的法律纠纷中，我们的父亲尽一切所能避免与苏珊说话。当他想要与丹尼尔聊天时，他会打电话给亚当，让他传个信给丹尼尔，告诉他他的父亲想跟他聊聊。

遭到拒绝时，我那执着的父亲也不会放弃。如果理性的争辩与间接的交流都无法进行，索尔习惯于在背后抱怨别人，这常会引起毁灭性的结果。长期以来，我父亲恼怒于我相对的独立自主、不受他的影响，便向我的弟弟们、我妻子，最后是我的女儿，抱怨我的不是。乔安拒绝听索尔抱怨她丈夫的不是之后，她与索尔之间基本就没有任何联系了。不过，一个不与他站在一边的媳妇，索尔根本不需要。多年来，丹尼尔一直在我父亲面前维护我，虽然他从来都没有说明我到底有什么罪过，但我知道我的罪过是什么：我离索尔足够远，还确立了自己独立的生活。我的幺弟丹尼尔要传递的那些信息其实也是不加掩饰地给他的警告：他不能学样，不能离开我们的父亲。

声名与财富融合的顶点出现在 1976 年索尔被授予诺贝尔文学奖之时。安妮塔给他发了一份电报，表示她长期以来一直都相信他有天资。她还说，她知道莱莎、亚伯拉罕、索尼娅·戈什金都会为他感到骄傲。我去了斯德哥尔摩参加诺奖庆典，那其实就是场盛大的宴会。我们这群人被指派了一位管家、一辆配有司机的豪华汽车，以方便接送我们参加一系列的欢迎会与庆祝会。索尔和亚利山德拉在斯德哥尔摩大酒店有套房，我住在他们起居室另一边的一个房间，那时大约 20 岁的亚当和大约 12 岁的丹尼尔一起住在我旁边的房间。亚当和我父亲的著作代理人哈丽特·沃瑟曼（Harriet Wasserman）主要负责管着点丹尼尔，但他还是通过客房服务点了许多食物，索尔收到账单的时候十分恼火。

莫里的缺席引人注目，我只能猜测那是因为他无法容忍被他的幺弟遮挡去光芒。贝娄家族的其他人——简、萨姆、妮娜、莱莎、莱莎的丈夫和他们的三个女儿——都住在了斯德哥尔摩大酒店。亚利山德拉的母亲和她的姨妈获得了罗马尼亚政府的许可也参加了庆典。

索尔在酒店里为他的获奖感言准备了好几个小时。他将诺奖所提供的公共讲坛当成了一次传递信息的机会，那就是文学是通往被困扰的人类灵魂的途径。索尔援引了约瑟夫·康拉德（Joseph Conrad）《"水仙号"上的黑水手》（*The Nigger of the "Narcissus"*，1897）中的《序言》，他念道，艺术是"对可见世界做出最公正的评价"。他继续引用康拉德说道，艺术家诉诸"我们自身的存在，那是一种天赋而非后天获得的能力……诉诸对天下万物潜在的友情——诉诸将无数孤独的心灵联系在一起的微妙却坚不可摧的团结信念……它将全人类连在了一起——将死人与活人、活人与尚未出生的人连在了一起"。

索尔将公众对诺贝尔文学奖中的金钱构成因素与公众对其作品的不热衷做了对比，将之视为金钱高于文化的又一症候。他多次抱怨自己的隐私受到了侵犯，因为有一次传统的圣卢西亚节庆活动上，一个头戴插有蜡烛的花冠的女孩进了他们的卧室为索尔和亚利山德拉吟唱小夜曲。有一张照片，画面很可爱：与索尔一样赢得诺贝尔桂冠的美国经济学家米尔顿·弗里德曼（Milton Friedman)穿着睡衣望向门外，想要找到是谁在唱歌。后来，我父亲告诉我，他在斯德哥尔摩的那个星期里唯一高兴的事情是在他出城的路上短暂参观了奥古斯特·斯特林堡（August Strindberg）的书房。

就在我们要去参加庆典之前，我告诉索尔我为他感到多么自豪。颁奖典礼、招待会、宴会、舞会都非常高雅。男人们都穿着租来的燕尾服、打着领带。我开玩笑说，在任何一家高级餐厅我肯定都会被当作是领班。最近加冕的瑞典女王之前是德国选美皇后，她远比国王耀眼。招待会上，国王有一刻是独自一人。我感到自己被粗鲁地拉了一下，然后被拖到了这位陛下面前，并被告知可以进行交谈。后来，某位公爵，就是那个拖住我的人跟我道了歉，解释说没人陪着国王聊天不太合适。舞会之后，索尔、亚利山德拉、亚利山德拉的母亲和姨妈被车送回了酒店，而那个司机竟忘了回来接我们其他的人。我二伯萨姆一家冻得打颤且情绪低落，我便走向另一位轿车司机，请他送我们去酒店。我父亲因此表扬了我，称我照顾他们的行为是一种注重家庭感情的行为。他使用的家庭感情一词是他拉辛时期移民生活的残留物。

短暂地暴露于声名的聚光灯下，对我来说，这是件令人高兴的事，但我很快就被激怒了。我们去参加一项活动，一位记者大声地向索尔提出了一个私人问题。我想都没想便脱口而出："我父亲的作品是公开的，但他本人不是。"亚利山德拉高兴地祝贺我是"一位斗士"。在斯德哥尔摩的一场招待会上，有个讨人喜欢的人跟我进行了一番看似友好的交谈，我们谈论家庭，大部分是他的家庭。招待会是在一个相当大的房间里举行的，在这个房间的另一边，一位年轻的女士也与亚当就相同的话题聊天。两天后，我们发现我们被套出的话刊登在了瑞典语版的《人物》（People）杂志上。我很愤怒，但索尔只是提醒我们小心我们所说的话。我感觉被记者的狡猾出卖了，从那之后，我就下定决心要将我与父亲的关系严格保密。亚当也对此感到苦恼。他让人给家里每个人做了一件 T 恤，上面印着"诺贝尔野蛮人"（NOBEL SAVAGES）的字样，某种程度上是向索尔十多年前担任过编辑的文学杂志《高贵的野蛮人》（*Noble Savage*）致意，同时也是纪念我们所有人都遭遇到的野蛮行为。

索尔表达过他担忧获得诺贝尔文学奖会有损他的创作，因为他觉得先前获得过诺贝尔文学奖的作家们赢得这一奖项后创作的作品，质量明显下降。特德·霍夫曼给索尔写来了一封祝贺信，信中提到索尔的那些担心，表达了他偏好奥吉·马奇、摩西·赫索格身上的活力、新颖与好奇心，而非阿特·赛姆勒身上的那种阴郁感。特德告诉我，他觉得索尔已经沉迷于他自己的声名之中。不过，特德的信在对索尔的明褒实贬中充满了嫉妒与自怜自哀之意。那封信伤害也激怒了我父亲，他后来结束了与特德之间维持了那么长久的友谊。

开始于《赫索格》出版的 1964 年，终于被授予诺贝尔文学奖的 1976 年，这十二年间，理想主义的"青年索尔"变成了悲观主义的"老年索尔"。我无法完全彻底地解释发生在我父亲身上的变化。《赛姆勒先生的星球》暗示了 20 世纪 60 年代的政治动荡对索尔产生了怎样的影响，《洪堡的礼物》探讨了在斯德哥尔摩达到顶峰的声名与财富的消极影响。在我看来，正是在这重要的十多年里，我所挚爱与崇敬的"青年索尔"身上的乐观主义与希望被掩埋了，埋葬它们的是愤怒、痛苦、不容异己以及他余生对罪恶问题的一心探讨和对自身死亡问题的执着。

我认为造成索尔身上这些变化的最主要原因是他感到幻灭与失望——令他感到幻灭的是他寄托了信仰的马克思主义观点变成了凶残的独裁政体的托词，令他失望的是艺术无法将这个世界变

成一个不那么物质至上的地方，在那样的地方，康拉德所写的关于
人类团结的信念可以滋养第二次文艺复兴。

　　不过，到了我快四十岁的时候，我不得不找到一种方式以便接
受并容忍出现在 20 世纪 70 年代后期的"老年索尔"。此时的他不
再相信集体行动能够促使人类进步，而且他吸收了他的父亲曾经
坚守的父权立场；在我看来，他所坚持维护的父权太过了。我开始
明白，我父亲与我之间长达三十年的冷战其实是两个人之间的竞
争，他们对社会变化与代际间的服从问题的观点背道而驰，但他们
同时又挚爱对方，想要维系他们之间的关系。

"老年索尔":
  文学之父

第八章

精神性追求的失败：1977—1986

斯德哥尔摩的庆典结束后，返回芝加哥时，索尔尤其感到了精神上的疲劳。即便是奥地利哲学家鲁道夫·斯坦纳（Rudolf Steiner）的精神理念都不足以阻挡他越来越浓的悲观情绪。索尔对斯坦纳进行了好几年的研究。关于肉体死亡后某种延伸的意识继续存在的可能性，斯坦纳对之持有非常难懂的见解。

斯坦纳声称自己是能预见未来的人，他发展了一种关于不断发展的意识的理论，这种不断发展的意识既包括个体与集体记忆，也包括过去、当下以及对索尔而言极为重要的未来的生活。精神自我提升的可能性为索尔提供了力图净化灵魂的方式，一剂净化被声名与财富玷污的灵魂的良药。我父亲并未在宗教组织中找到慰藉，但他却一生执着于对死亡问题的探讨。斯坦纳声称，任何人花费了时间和精力发展他们的技能，就能获得那种延伸的能力。私下里，索尔多年来一直定期地使用斯坦纳的冥想技巧。斯坦纳的著作在他的公寓里随处可见，总是翻开反放着，就好像他刚读完了一篇暂时停了下来。

在索尔的推荐下，我读了一些斯坦纳的著作，它们都很复杂难懂。我开始明白，人类灵魂可以以一种净化后的启蒙状态不断返回,这样的想法对一个失去家人与朋友的孤独的人来说具有极大的吸引力。随着索尔对斯坦纳的兴趣越来越浓,内心生活这个词在我们的交谈中逐渐被人类灵魂的说法取代。索尔为这一术语注入了精神成分,这令我确信他开始相信灵魂不朽。这让我不安,我更能接受不具有超验性的自我这一观念。然而,我们之间出现其他分歧时,我父亲总是试图占上风,但在这件事情上,他却相当容忍我的反对意见。我始终怀疑,索尔在这件事上缺乏争辩的热情,这表明他对精神性持有重重疑虑。

索尔想要说服自己相信斯坦纳关于肉体死亡后的精神生活的观念,他不可能找到更能挑战他的逻辑能力的思想。关于什么可以获得解释,包括我们在逻辑中发现的局限,我与索尔都有疑虑,这巩固了我们之间的关系。我发现,这一点在我四十岁生日之后的几次坦诚的交谈中得到了证实。我对哲学产生了短暂的兴趣,便请索尔推荐几本哲学著作给我,这让他很高兴。我觉得黑格尔关于拿破仑与历史终结的理论存在逻辑矛盾,这让我很困惑,我便请索尔为我解惑。他回答说,"这些家伙[哲学家们]就是想太多了,将自己逼入了他们摆脱不了的困境。"

我发现我们俩都怀疑伟大的思想家们都远离了生活中的日常问题,这一点在《奥吉·马奇历险记》即将结尾的部分有相当清晰的例证。一次航海旅行中,奥吉遇到了贝特肖。贝特肖是一位有哲学思想的同船水手,他专注于思考改善人类状况的各种抽象理论。船只失事后,他们差点淹死,最后登上了一艘救生艇才得以生还。奥吉帮助他的同伴登上了船,但贝特肖刚摆脱了危险便沉浸在自己关于如何拯救世界的思绪中,完全没有帮助奥吉登船。此处隐含了我父亲的质问:这个世界到底可以将多少信任放置于任何思想体系中——"伟大的思想家们"如此专注于寻找拯救人类的方法却懒得去拯救一个溺水者。

索尔的好几位朋友对这部分的描写都强烈地表达了自己的观点，他们的反应表明将文学人物与现实中具体的人等同起来相当困难。许多人开始相信或是被"见识广博的"第三方告知他们就是贝特肖的原型，之后他们会向我表达他们的气恼，因为他们被描写为一群爱想入非非的超级唯理主义者——甚至更糟。索尔认识许多那样的思想家，但他肯定不会在小说中插入那么带有个人攻击性的细节，不会完全明确地告诉哪位读者他当时头脑里想到的就是他。

虽然大家很想将作品中的人物与现实中的人画上等号，但只有我母亲曾经说过她在索尔的小说中直接找到了他和她自己。我母亲在《只争朝夕》中发现了一个细节，让她确定索尔将这个细节放在那里是因为怨恨。虽然我发现索尔的小说对人物、地点及生活事件的描述让我离奇地感到熟悉，但我并不能毫无疑问地在真实的人与我父亲的那些著名的叙述者之间直接加上等号。透过那些叙述者的眼睛与声音，我看到的是长达一生的系列情绪快照，它们揭示了我父亲的观点、他的心境，以及最发人深省的一点，即在小说中的自我反省，这一点即便是在我们之间的真正交流中也鲜少展现。

20世纪70年代中期，索尔恢复了与海曼·斯莱特的友谊，他也住在芝加哥北区，离索尔和亚利山德拉很近。周日午后，他们会聚在一起，喝上一壶茶，聊聊各种俗事。但关于永生的问题很快就成为他们聊天的中心问题，他们组成了一个二人研究小组，致力于阅读并讨论关于死亡与来生的理论。

几年之后，海曼被诊断罹患侵袭性癌症，那会很快要了他的命。那个时候，索尔已经与亚利山德拉离婚并且又结了一次婚，住在了波士顿。我和我父亲去看了海曼，向他告别。索尔在交谈结束的时候告诉他的老朋友他多么欣赏海曼表现出的面对死亡的勇气。几个月之前，我在芝加哥拜访海曼时就发现他的健康已经很成问题。他表示非常想再读一读艾萨克·罗森菲尔德和索尔翻译的 T·S·艾略特的《J·阿尔福瑞德·普鲁弗洛克的情歌》("The Love Song of J. Alfred Prufrock")意第绪语版本，这个版本曾经流传于索尔和艾萨克在海德公园的朋友圈，这其中包括社会学家丹尼尔·贝尔(Daniel Bell)。海曼的请求令我感动，我承担起了一定要给他找到一本诗集的责任。丹尼尔·贝尔的女儿乔迪(Jordy)跟我是芝加哥大学的本科同学，她告诉我说她父亲凭记忆抄录了一本这首诗的意第绪语版本，我很快便从他那里复制了一本送给了海曼的妻子伊芙琳·斯莱特(Evelyn Slate)。伊芙琳在海曼临终之时为他读了这本诗集。她告诉我海曼听到她朗诵那首诗歌是那么地感激，我将他们的感谢告诉了索尔。

索尔在他 1976 年的诺贝尔文学奖获奖演讲中表达了他乐观地看待艺术束缚人性的普遍性能力。但仅仅一年之后，一种必然是自 60 年代后期已在他的思想中酝酿的忧郁悲观情绪便全面出现了。1977 年，索尔应国家人文科学捐赠基金会(the National Endowment for the Humanities)之邀进行杰斐逊演讲(the Jefferson Lectures)，这是赋予学术贡献者们的一项荣誉。他做了两场严肃的讲演，主题是关于艺术的无力与崇尚享乐主义的美国文化中的艺术家命运之间不稳定的平衡关系，这种文化既未关注艺术的无力问题也未关注身处其中的艺术家命运。第二场讲演结束之际，他表达了对社会、政治结构恶化的深切担忧。年轻的索尔浸淫于那样的社会、政治环境中，而现在，所有的人类努力都显得脆弱无力。

无论以哪种标准来看都是一本阴暗之作的《赛姆勒先生的星球》中,索尔担忧文明社会的未来会受到威胁。经历了1968年民主党全国代表大会上、大学校园里、各条街道上对民政当局的公然反抗,十年之后,索尔担忧这些动荡很可能会瓦解凝聚社会的传统纽带。当下获得政治权力的我这一代人、女性、黑人愤怒地反对社会不平等,这对长达2500年的西方文化构成了威胁,而这样的文化正是索尔一直研究并奉献了终身的对象。

20世纪70年代后期和80年代,索尔开始批评日益高涨的社会政治正确潮流,并开始在种族与性别问题上采取保守立场。索尔拒绝考虑被剥夺权利的群体应享有的利益,这与人们对他的预期背道而驰。我非常伤心我从越来越愤世嫉俗的父亲那里听到这样的观点,它们偏离了我们所主张的公平、尊重与关怀的家庭准则。

他的愤怒干扰了"青年索尔"的那些精妙观点,使其被他曾经一度反对的固执己见的强势所取代。然而,尽管我发现他的观点不公正,我还是需要做出重要的区分:他抵制有组织的群体要求重新分配权力,但他尊重并热爱那些个体的黑人与女性,包括像20世纪50年代拉尔夫·埃里森那样的知识分子及后来的黑人乐评人斯坦利·克劳奇(Stanley Crouch)。

不过,我父亲尊重并热爱那些个体的黑人与女性,这一点尤其表现在60年代中期他主动开始的几次交谈中。索尔在这几次交谈中谈到了他担心他与苏珊的女佣格西和她的女儿们面临的危险。索尔真心喜欢这位女性并尊重她的勇气。格西独自抚养两个十几岁大的女儿,她们住在离索尔的公寓几站路远的安置房里。格西在索尔家的工作主要是准备晚餐和打扫卫生,她得到晚上8点才能回到家。索尔担心格西的两个孩子没有格西的保护、置身于充满暴力的环境中会被卷入某个漩涡，从而毁了两个女孩子。

我永远都无法消除我对索尔如此差别对待的不喜，他对个体表现出了尊重与关心，但他却冷酷地拒绝接受太久以来没有话语权的群体的要求，而我成了这些群体无可辩驳的支持者。我们之间的争论或许将我父亲最坏的一面展现了出来。与他争论只会让他更加凶猛并延长近乎痛骂的长篇大论。但是，即便我克制自己提出反对意见以望尽早结束那些令人痛苦的谩骂，我还是惊骇于他所说的话。有时候，我觉得抵制是有必要的：部分原因是为了提醒他他有了怎样的改变，另一部分是因为我所挚爱的父亲嘴里吐出那样的恶毒言辞令我震惊。

高度赞扬了南方民权运动取得的成功之后，索尔越来越以否定的眼光看待芝加哥黑人的战斗性。1961年他回到芝加哥大学，在此之前，海德公园早已成了黑人聚居区。这里从来就不是一片安全的区域，而现下，学生们一到这儿就被提醒在哪里散步会比较安全。1968年，也就是我在芝加哥大学的最后一年，一位大学生在校园附近被谋杀了。每个人都很害怕，索尔变得越来越谨慎，他很担心城市的衰败正在摧毁他拥有美好记忆的芝加哥。

20世纪70年代后期，索尔搬入亚利山德拉位于芝加哥北端的公寓以逃离海德公园，但那并没有使他摆脱一座因种族问题造成剧烈分裂的城市。到70年代后期的时候，曾经全白人聚居的北区打着豪华湖滨大楼的幌子，事实上那片区域只有两个街区。我愈益老迈的父亲让我陪他步行去当地的超市，因为他想让我看看他为了买一包杂货不得不穿过附近一片让他害怕的全黑人居民区。

当那些民选的黑人官员兴高采烈地表示要掌握政治权力时，索尔极为恼火。他们其中一些人发表了许多反犹言论，指责犹太医生们在非裔美国人的社区内散播艾滋病，索尔对此怒不可遏。

他进行了公开地反击，指责黑人政治家与记者们并没有反驳那些言论。他找到了第二任市长戴利作为其同盟，他们后来成了朋友。戴利拿出了自己的律师身份，要求黑人领袖为那些具有煽动性的指责提供证据。索尔认为站在那样立场上的戴利是位英雄。

"老年索尔"逆转了自己的社会文化观点，这体现的是个体层面和代际层面的变化，这两者在我看来都同样令人反感。曾经反叛的、没有宗教信仰的儿子现在却越来越关注前代人的智慧，在我成长的阶段远离犹太之根的他也越来越关注犹太人的根源。

我相信我父亲对黑人反犹主义的恼火交织着一些代际问题，他此时对这些代际问题的观点也发生了逆转。鉴于犹太人在民权运动中做出的贡献，刚刚获得权利的黑人提出的要求让他觉得就像是曾经被溺爱的孩子长大了，他们忘恩负义地给了早年为他们做出牺牲的父母一巴掌。索尔的态度与他自己的父亲对待那些没良心的孩子的态度很相像，他们通常开着玩笑，说出的话却极为刻薄，指责孩子们不感激他长期受苦受难的父母，他们还总在孩子的账单到期前为他们买单。即便我是自己支付了我的孩子们的牙齿矫正费用，索尔还是忍不住经常用些妙语，那些妙语揭示了他对后代人忘恩负义的深深怨恨，他是这样说的："孩子们长了一口好牙齿的好处，就是他们会在哺育过他们的那双手上留下清晰的牙印。"

愤怒的索尔在麦克阿瑟基金会董事局任职时故意挑衅。他对女性及黑人申请者们的作品中的智力素质感到不满意，便反对给他们拨款。他公开问道："祖鲁人的托尔斯泰是谁？"这使所有人都感觉受到了冒犯。他为自己做了极为站不住脚的辩护，声称自己曾有几年是人类学专业的学生，他那么说是在可读写的社会与没有文字的社会之间加以区分。他的解释难以让人满意。

贝娄家的几代男性在很多方面都没有平等对待过女性。莫里的女儿琳恩认为自己在智力上比不上贝娄家的男人，萨姆的女儿莱莎抱怨过家里人对待女人有多糟糕。当莱莎和她同样名为萨姆的丈夫想送他们的三个聪明的姑娘去上最好的学院的时候，莱莎的父亲说那是浪费金钱。虽然索尔在他与安妮塔早年的时候认为安妮塔与他是平等的，但随着他们婚姻关系越来越糟，安妮塔的独立变成了他的一大心病。索尔还讨厌安妮塔的朋友玛雅，因为玛雅主张女人应该跟男人一样可以随便跟人上床。

要是认为索尔不尊重个体的女性，那就是漠视了他对许多女性的爱，漠视了她对一些女性赋予的信任。哈丽特·沃瑟曼是他多年的出版经纪人；我堂姐来沙数十年来一直是他金融交易中深受信任的顾问。莱莎和亚利山德拉都认为索尔对待女性的态度在他和艾伦·布鲁姆（Allan Bloom）成为朋友之后变得更糟了。但与几十年前的艾萨克·罗森菲尔德一样，艾伦为他自私自利地对待性别问题提出了合理依据，这样的依据证明男人利用女性的自我牺牲是有理甚至光荣的。在我看来，索尔认同这样的依据，这表明他的社会立场在很大程度上融入了他个人长期以来一直持有的态度。

我们需要再度做出区分，索尔对待个体与群体存在着差异，他信任某些女性，但对女性群体却持有敌意和令人讨厌的想法。索尔并不认同女性主义观点，不赞同越来越多的女性出现在学术圈，不认可那些杰出的女性作家。我同父异母的弟弟长达二十年的伴侣玛丽·瑞安（Mary Ryan）被授予班克罗夫特美国历史奖（Bancroft Prize）①，我跟索尔提了一下，索尔评价说，她无疑是最有资格的女性，言下之意，她会赢得那个奖项是因为她是女性。

---

① 班克罗夫特奖设立于 1948 年，为美国史学界最高奖项，由美国历史协会与哥伦比亚大学历史学系评选，每年颁奖一次。值得注意的是，荣获过该奖项的 16 位作者也同时荣获普利策历史学奖。

康迪丝·福尔克(Candace Falk)是索尔以前的学生,也是无政府主义者爱玛·戈德曼(Emma Goldman)论文集的前负责人,她给我讲了一则故事,完美地捕捉到了索尔对激进的黑人与女性的观点以及他对妙语的热爱。作为一名研究生,康迪丝参加了索尔讲授的关于詹姆斯·乔伊斯的研讨课。那一时期爆发了一场学生罢课浪潮以抗议轰炸柬埔寨事件及囚禁黑豹党人博比·西尔(Bobby Seale)事件。康迪丝非常礼貌地找索尔商量,并请求他取消研讨课以表达他的政治观点。后来,当她站在全班同学面前规劝他们与她一起离开进行罢课时,索尔回应说,"我要是支持任何与博比·西尔有关的活动我就不是人。"接着又说,"你们这些女性解放者十年后唯一能为你们的运动展现的就是下垂的乳房。"康迪丝受辱又垂头丧气地离开了课堂。

索尔反对那些要求获得发言权和一席之地的黑人与女性,这在我看来与 20 世纪 40 年代信奉新教的欧裔美国人主导的英语系对待犹太人的态度极为相似。索尔会忽视这样的相似性,这表明他非常恼火,也说明学术界的权力争斗深深地刺痛了他。到 1982 年他写作《院长的十二月》时,索尔嘲笑的对象也开始包括社会无政府状态与种族混乱,他认为它们此时已经彻底影响了社会,他还讥讽了政治正确对大学的深刻影响。

我觉得索尔从反叛之子的角色转向大家长式父亲的角色是最痛苦的,因为那需要他转变自己对待权威的态度,与之相伴的是服从权威的压力,那会在数十年里成为他的痛处。索尔容忍我少年时期的顶撞,那样的时候已经一去不返了,8 岁的亚当努力为自己辩护之后,索尔会告诉他要"尊敬你的父亲"。我女儿朱丽叶 20 世纪 90 年代在东海岸上大学,后来又在那里进行研究生阶段的学习,她当时去拜访了她的祖父。朱丽叶盼望着能与索尔进行学术方面的讨论，但他却让朱丽叶很恼怒，因为他反复地避开她挑起的关于艺术与文化的话题，反而劝她 30 岁前结婚组成一个家庭。

索尔反对年青一代的社会无政府状态和缺乏尊重老一辈的态度，1968 年他在旧金山州立大学做讲座期间发生的事更加深了他的反感。在这动荡的一年里，旧金山州立大学的校园被搞得四分五裂。这个事件几乎一字不落地进入了《赛姆勒先生的星球》。讲座结束后，一位听众大声喊叫阻止我父亲继续说话，说他年老、不合潮流还性无能。我不知道对索尔来说什么更糟：是对他男性生殖力的攻击，对他政治重要性的贬损，还是教职工中没有人站出来维护他。索尔受到了严重的冒犯，这次的刺痛许多年里一直没有消解，他本就反对那些轻率的激进左派以及那些容忍如此傲慢无礼行为的自由主义学者，这次事件使他越来越负面的情感更加具体化。

目击了当时场景的一位朋友告诉我，索尔似乎不会回避那种其他学者不得不学会预料并平安度过的攻击，他就听任那些批评伤害了他，用愤怒做出回应与反击。索尔没有积极地为迫切需要的西方文化传统进行辩护，而是让盲目的愤怒引导他表达了自己的社会政治立场，他的那些政治立场是如此令人厌恶，甚至我都忘记了我们对于那些故去的白人男性关于政治生活与人类经验的话语的重要性曾共同持有的基本观点。

1987 年，艾伦·布鲁姆出版了《美国精神的封闭》（*The Closing of the American Mind*）。他在书中论证，过度的自由主义态度实际上假借开放的名义封闭了美国精神。我仔细阅读了这本书后发现，该书提出的观点与我从我父亲那里听来的观点是如此相似，我觉得它是两位思想体系方面越来越接近的朋友共同智力冒险的结果。布鲁姆提出的许多观点迎合了里根入主的白宫里社会、文化、政治方面的保守党人,索尔并不反对自己被列入他经常与之意见相合的那些思想家之列。我和索尔讨论艾伦的这本书时,我表达了我的忧虑,因为我认为这本书中到处都是那些"赞成贵族政治的概念"。他对我的描述保持了沉默,我将他的沉默视为默认,视为衡量我父亲思想的标准,以确定他对除了"高级"形式的文化之外的任何事的封闭程度,他的态度近乎我在艾伦的书中发现的精英主义,与我理解的"青年索尔"的那些观点完全相反。布鲁姆公开伤害他的敌人们,就像索尔私下里对我所做的那样,带着怨恨、嘲弄与蔑视,目的是消除反对观点而不是考虑那些观点中任何潜在的价值,也没有提出与之相反的看法。

当"青年索尔"转变为"老年索尔",我的父亲从一个头脑里满是问题的年轻人变成了一个脑中满是答案的老者。索尔早年关于让世界变得更美好的乐观精神几乎已经消失不见了。在我看来,更糟糕的是,他失去了对人类本性的困惑,而那是我曾与他共同珍视的。"老年索尔"如今对待每一件事情,包括他自己,都过于认真,以至于他丧失了嘲笑自己或是嘲笑生活中种种矛盾的滑稽面的能力。早些年,他犀利地质疑那些对受苦受难的人类起不了多少帮助的抽象解决方法,这在我看来是将伟大的思想家拉回现实的一种平衡方式。我父亲现在却是与他曾经质疑的那些思想家抱有同样的想法,为社会问题与个体问题提供一系列的答案与解决方法。我觉得这些答案与解决方法明显是家长制的、独裁式的、等级制的。对于索尔的这些逆转性的观点——他放弃的是我成长的过程中他曾经教会我的家庭基本准则中的公平原则——我直观的印象从未改变。我曾经、现在仍然感到难过的是,索尔的幻灭感与悲观情绪给他自己也给我们造成了巨大伤害。

1978年的隆冬,索尔与亚利山德拉匆匆飞往罗马尼亚首都布加勒斯特（Bucharest）去照顾亚利山德拉病重的母亲。亚利山德拉的父母在医学界有许多曾经的同事，亚利山德拉想尽办法以确保她父亲曾经训练的那些医生能够帮上忙。罗马尼亚当局执意要让弗洛丽卡和她早已逃往西方的女儿经受痛苦。政府官员们坚持遵循最苛刻的官僚章程，拒绝聘请专家，限制家属探访。亚利山德拉的母亲在他们抵达后没几天便去世了。家人和朋友尽了最大努力帮助他们，但那是一次极为痛苦的经历。他们返回芝加哥时，亚利山德拉陷入了神经衰弱状态，她花了好几个月才完全恢复过来。

《院长的十二月》就以布加勒斯特为背景，阿尔伯特·科尔德院长与妻子米娜去那里照料米娜垂死的母亲。我父亲在小说中对比了罗马尼亚政权的残暴——它使一位女士去世时都不能让家人在身边，与芝加哥同样可怕的系列事件——芝加哥的政治与社会无政府主义腐蚀了其社会结构。通过对比他称为东方阵营（the Eastern Bloc）的硬性虚无主义（hard nihilism）与西方的温和性虚无主义（soft nihilism），索尔发现处于极权政府治下与自由失去控制的政治体制中，人类本性中普遍的恶并没有什么本质差异。

虽然身体状况并不太好，安妮塔的丈夫巴兹尔有许多雄心勃勃的退休计划，这其中就包括想住在海边、想旅行。安妮塔则很乐意待在他们共有的家里。工作、制陶、打理她的小花园以及和巴兹尔一起在他们热爱的海边散步，这些对她来说已经足够了。他们俩的分歧那么明显，以至于巴兹尔单独租了一套靠近太平洋的公寓，虽然他每天上完课后都会顺便去一下他俩共同的家。起初安妮塔很伤心，但她很快就适应了独自生活，并且还会独自来看我们，而不带她爱浪迹天涯的丈夫。

巴兹尔大约一年后搬回了家，但到那时，他的精力与健康都衰退了。1984年晚些时候，他没有经受多少疼痛地死于严重的中风。我告诉了索尔巴兹尔的死讯，他问我他是不是应该给安妮塔打电话吊唁。不确定安妮塔会作何反应，我父亲担心这会激起安妮塔对他的单相思。我不愿意逼我父亲做他实在不愿意做的事，便留给他自己去做决定。他从来没打过那通电话，虽然他应该那么做。

巴兹尔去世后不久，我和安妮塔清理了她的财产。她说人生第一次她觉得自己很富有，她询问我该怎么处理那些钱。说到她幻想他们离婚后索尔赢得的声名与财富，我跟她开玩笑说她应该给自己买一辆金色的凯迪拉克，开着它从索尔家门前经过。那是我俩一起最后的一次逗笑。

早几年前，安妮塔经受了一场"无声的"心脏病发作。虽然她没有住院治疗，但她的心脏受到了损害。巴兹尔不得不强迫一向坚韧的安妮塔告诉我心脏病发作的事情。巴兹尔去世后的几个星期里，我母亲的心脏病加速恶化，很快就夺走了她的生命。她抽了一辈子的烟，心脏要比我想象的更加虚弱，药物无法控制病情，她的身体又经受不住手术。

她在重症监护室的最后一天，我和她的几位挚友轮流陪伴她。我们谁都无法忍受看着她离去。她全身都插着管子，还有一根管子妨碍她说话。从我内心深处的某个地方，我找到了该说的话。我感激她对我多年的奉献，并且表达了我的遗憾，因为我们很少大声说出我们对彼此的爱。我告诉她我知道她爱我，她用力地点头表示肯定。巴兹尔的子女里克·布萨卡和珍妮·布萨卡（Rick and Jeanne Busacca）私下里分别与做了他们25年继母的安妮塔道了别。监测器上的绿灯一个短暂闪动之后，安妮塔去了。我独坐在那里陪了她一段时间之后才将她的遗体交给了医院的工作人员。

第二天，索尔打来了电话。我在电话里泣不成声的时候，我父亲正处于最佳状态中。索尔说这句话的时候明显充满柔情，"来芝加哥吧。你慈爱的父亲会一直等着你。"那个时候，我们之间已经存在着许多隔阂，但看到我忍受痛苦总是能让我们破除一切障碍回到我们最根本的情感纽带。失去我母亲后，我能更好地理解为什么索尔总是对苦难敏感，为什么死亡是他始终思考的问题。处理好安妮塔的遗产后，我流着泪告诉索尔我非常想她，我愿意放弃所有的钱财只为能与她多待五分钟。"我知道。"他说道。

安妮塔去世三个月后，朱丽叶和我去了芝加哥看望亚利山德拉和索尔。索尔详细问了安妮塔最后的病症，并且评价说她拿到了"一张快速通行的车票"，意思是她并没有弥留太久，也没有受太多苦。我们到达前的几天，我大伯父莫里去世了，我二伯父萨姆也躺在了病榻上。就在前一个月，索尔去佐治亚州莫里的家里看望了垂危的他，并且提出他一接到消息就会返回。但是莫里去世几个小时后，他的第二任妻子乔伊斯（Joyce）才给索尔打电话。索尔和他侄女莱莎匆忙赶去佐治亚州。他们到达的时候，乔伊斯指着另一个房间说，"他在那里。"索尔和莱莎震惊地发现那里只有一坛骨灰。我们到芝加哥的时候索尔才刚刚从佐治亚回来，我父亲颤抖地坐在那时候大约11岁的朱丽叶旁边，轻轻地抚摸着她的头发，我注意到他孙女对他的触摸支撑着他。

萨姆的前列腺癌发生了转移。他住在家里，但是已经停止进食，想要加速死亡。妮娜悲伤不已。萨姆的态度软化了下来，并且要吃他最爱的油炸后加西红柿和蘑菇一起炖的牛肉。妮娜坚持要求所有人不准告诉他莫里去世的消息，但萨姆可不是傻瓜，他弟弟索尔和他女儿莱莎匆匆离城没解释一句，他问他哥哥的健康状况时大家闪烁其词，这些足够让他明白发生了什么。萨姆几周后离世。他被葬在了以色列，他和妮娜每年都会在那里住上一段时间。

索尔，忧郁，1952年。

钥匙儿格雷格。

贝娄家族，1955年。坐着的是亚伯拉罕与范妮·贝娄。站着的从左到右分别是：沙尔·贝娄、莱莎·贝娄、琳恩·贝娄、玛姬·贝娄、莫里·贝娄、简·柯夫曼、塞缪尔·贝娄、妮娜·贝娄和乔尔·贝娄。

巴德学院文学部，1953年。站着的从左开始分别是：基思·博茨福德、索尔·贝娄、厄玛·布兰迪斯、安东尼·赫克特以及威廉·弗劳恩菲尔德。坐着的是：杰克·路德维格（中）、威廉·汉弗莱、沃伦·卡里尔以及安德勒斯·万宁。（由巴德学院档案与特殊藏品馆提供）

亚利山德拉（萨莎）·洽巴索夫。（由已故的萨莎·贝娄提供）

格雷格与特德·霍夫曼在蒂沃利。

毕比·弗里德曼·申克·德雷尼尔斯。

苏珊·格拉斯曼。(由丹尼尔·贝娄提供)　　索尔在阿斯彭。

索尔和丹。

亚利山德拉·巴格达沙·约内斯库·图尔恰。
（由亚利山德拉·贝娄提供）

索尔在斯德哥尔摩。（AP图片）

贝娄家的儿子们在斯德哥尔摩。（查尔斯·奥斯古德，《芝加哥论坛报》）

伊迪丝·塔尔科夫。

莱莎与萨姆·格林格斯。（由莱莎·格林格斯提供）

亚当婚礼上的索尔。

索尔与杰妮斯·弗里德曼·贝娄。（由丹尼尔·贝娄提供）

安妮塔坐镇帕萨迪纳。

索尔在佛蒙特。

随着安妮塔、莫里和萨姆相继离世,我和索尔的心情都跌到了谷底,但索尔附带着说了一句,"至少我们都会一起去他们去的地方!"

　　他们三人的离世拉开了索尔与亚利山德拉婚姻关系结束的序幕。罗马尼亚之行后,亚利山德拉的精力恢复了,在我看来,他们一起度过了好些年快乐的时光。我尤其记得我和索尔那么喜欢给她解释美国习语。他们去西班牙度假,回来的时候带回了精美的斗篷,他们穿着斗篷去他们最爱的一家意大利餐厅参加家庭晚宴。作为芝加哥轻歌剧享有特权的歌剧迷,索尔和亚利山德拉经常在那家餐厅与歌剧演员们还有他们富有趣味的导演一起在表演后用餐,通常那些进餐会持续到深夜。他们在以色列度过的一个学期里,亚利山德拉教书,索尔进行中东研究为写作《耶路撒冷去来》做准备。

　　但表面的心满意足掩盖了越来越多的夫妻矛盾。他们每年去佛蒙特州避暑,这样过了好些年后,他们决定建个度假屋。亚利山德拉对各种建筑设计没什么兴趣,便将这些责任都推给了索尔,这很快就变成让他们头疼的事。莱莎当时在离他们不远的地方度假,她发现他们的婚姻状况恶化,陷入了无止境的沉默与冷战,这与二十年前我亲眼所见的索尔与苏珊的婚姻状况一样。他们最后在一起的几年里,索尔告诉我,亚利山德拉对她事业的专注让他受够了,但因为他不想再经历一次离婚,他甘心维持这样一段缺少热情的婚姻。

　　我不知道艾伦·布鲁姆是什么时候开始直接介入索尔与亚利山德拉的婚姻的,但他与我父亲高亢地拥护那些偏向于男性的性别角色的观点,以至于任何听到他们观点的女性都会感到不快。

亚利山德拉是位数学教授，那是一个男性主导的领域，她对自己的成就非常自豪。她发现布鲁姆很傲慢，便开始讨厌他一再地想要赢得她丈夫的好感。有一次她还没穿好衣服，艾伦就闯进了他们的卧室，她非常愤怒。更糟糕的是，索尔和艾伦对她的不满都不以为意，艾伦甚至还将她的怒气归因于她"那些传统的姿态"。

《院长的十二月》中有一个场景再现了索尔与亚利山德拉之间不和的根源。米娜母亲葬礼后，夫妇俩第一次有时间独处，他们在严寒里散步。虽然米娜拒绝了科尔德身体上的安抚，她还是寻求他能帮助她理解丧亲带给她的百感交集的混乱感。科尔德知道这不太可能，但他还是努力将他尝试理解人类状况的一生转换成米娜理解物质世界的科学思维形式。很快，他的解释就开始听上去像一场讲座。米娜霎时觉得很恼火，但她很快便明白自己强求了无法办到的事。

索尔和亚利山德拉都清楚他们的婚姻差不多完了，但是是亚利山德拉做出最后的决定结束这段婚姻，因为和以往一样，我父亲不会主动那么做。他们分开后，索尔来加利福尼亚看我。他一贯都是那样，从有缺陷的社会对物质的关注中寻找其内置的原因以表达他的失望。显然，因为亚利山德拉拒绝处理，索尔被迫要将自己的时间花在建造一座房子的实际细节上，在他被迫要从满是浴室装备的目录中做出选择之后，索尔责骂美国的物质主义长达十五分钟，最后才说"够了"，然后换了个话题。

更根本的原因，我认为他们的婚姻会结束，这与安妮塔、莫里和萨姆的相继离世有关，因为这几起死亡使索尔的死亡问题清晰地成为焦点。他确信亚利山德拉在情感上不够坚强，无法看着他度过生命的最后阶段。我在佛蒙特州曾见过那样的场景，她偶然找到了她父亲写给她的一封久违了的信件，她当时悲恸万分。从她当时的反应和她在她母亲去世后的精神崩溃中,索尔让我明白了他的看法,那就是亚利山德拉无法应付他的晚年和身体状况的衰退。

依据我对佛蒙特州发生的那件事情的记忆,我接受了索尔的想法,并且出于我认为的对他的忠诚,我好些年里都与亚利山德拉保持着距离。结果,亚利山德拉嫁给了一位非凡的数学家艾伯托·考尔德伦(Alberto Calderón),他去世得比索尔还早。并不像索尔所预料的那样,亚利山德拉非常坚强地面对了艾伯托的死亡并且从悲恸中恢复过来,过上了开心的退休生活。我和她也早就改善了关系。

就在那次来访中,索尔告诉我,斯坦福行为科学高级研究中心公开邀请他前往度过一个学期,从事写作。该中心就在我们住的这条路上,我支持他接受邀请。我想暂时离开芝加哥或许对他有好处,而且我也希望与我的家庭相处更多的时间或许可以让我父亲和我的孩子们之间有更好的关系。

索尔每次要离开的时候总会演唱格劳乔·马克斯(Groucho Marx)演绎的歌曲《你好! 我得走了》("Hello, I Must Be Going")以使离别时刻轻松。但那一次他前往芝加哥却表示要回去有人关心他的地方。他的这句评价意味着我和我的家庭并不适合他,加上他没有像之前三次婚姻结束后就拈花惹草,这些都暗示,他已经又有了一段新的恋情。

索尔对精神性所提供的答案感到不满意,这其实早在他赢得诺贝尔文学奖很久前就出现了。在《洪堡的礼物》这部充满死亡意识的小说中,索尔极为深入地思考了鲁道夫·斯坦纳及灵性问题。他的叙述者查理·西特林会有规律地进行冥想活动以保持头脑清晰。但正如我父亲的头脑一样，查理的头脑满是物质世界和与人接触的需要，使他的灵魂无法继续前行。知道自己没能自我纠正，索尔的叙述者表达了我认为是我父亲想含蓄表达的意思，那就是承担自己追求灵性失败的责任。查理几乎已经接受了他所有人性的弱点，直到他对冯·洪堡·弗莱谢尔的记忆提醒他关于艺术的超验价值，那是洪堡的真正天赋。来自来世的一份礼物缓解了肉体死亡带来的刺痛，查理已故的朋友为他提供了下一次做对事情的希望，在即将来临的又一世，他将摆脱物质消遣与失去带来痛苦。

虽然我父亲非常渴望能变得更具灵性，但他知道他永远都不会允许自己遵循斯坦纳给所有追求属灵真理的人的第一条指令：抛弃评判的思维能力，为信仰冒险一次。索尔的机敏与言语上的机智使他能够一段时间内压制自己的某些部分，但他一生都拥抱的理性和毋庸置疑的肉体死亡现实像酸雨一样侵害了他想要相信任何形式的永生的愿望。最终，索尔发现斯坦纳提供的希望并不足以让他熬过第四段婚姻的结束和半年内失去三位家人的痛苦。

第四段婚姻失败后，索尔对生活中与他人的各种联系同样感到失望。《院长的十二月》中科尔德与米娜谈话失败表明索尔多么深刻地认识到丈夫与妻子间难以逾越的鸿沟，但它也突出了一个重要的区别，我父亲具有优秀的描述力，但他却无力解释难以被完全理解的人类之间不可逾越的鸿沟。索尔的观察力与描述力得到了普遍赞扬。我堂姐琳恩说过她的索尔叔叔是怎么描述走上亚伯拉罕和范妮家的房前台阶的，那些台阶是她经常踏过的。还有一个例子是索尔将杰克·路德维格的身体运动与划动威尼斯的平底狭长小船进行了类比，那样的描述非常成功。但对杰克的任何描述，无论其多么准确与完整，都不能解释他怎么有能力对萨莎和索尔下一个斯文加利式（Svengali-like）①的咒语，为什么萨莎会背叛索尔，或者为什么索尔会那么相信他骗人的朋友。

　　或许有一种解释可以说明索尔的几段失败的婚姻，那就是一个认为自己代表理性的男人持有过度浪漫化的爱情观念——这同样的观念是毕比持有的，也是索尔长期以来一直抱怨的。但恋爱时与现实联系不足的正是索尔。当他的第二、三段婚姻痛苦地结束时，是他对米茨·麦克洛斯基声称那是"精神错乱"（temporary insanity），他解释他追求萨莎和苏珊的时候是他正要结束一本小说处于"半疯状态"的时候。但他与安妮塔的第一段婚姻，这段婚姻让他摆脱了亚伯拉罕的控制，以及他的第四段婚姻，这段婚姻是他更有意识的选择，或许结束的时候会比另两段婚姻好些，但事实上仍令他非常痛苦。

　　虽然浪漫型的期待或许有也或许没有蒙蔽我父亲的判断，但在第四段婚姻失败后，我父亲似乎已经要放弃寻找新恋情了。在1987年出版的《更多人死于心碎》中，小说主人公贝恩·克拉德接受了一种冰冷孤独的生活，并动身去了北极研究一种地衣，这种地衣能进入深度睡眠，这使之看上去像死了一样。但我父亲，虽失望却并没有放弃爱或放弃寻找通向永生的途径。地衣显然死了，但足够温暖的条件下它又会复活。索尔从中发现了灵魂重生的新隐喻，而且他还在杰妮斯·弗里德曼（Janis Freedman）无私的爱中找到了他认为非常必要的人类温情的新源泉。

---

① 　斯文加利是指带有邪恶目的的人，他努力劝服另一人做他想做的事。

第九章

作别"青年索尔"：1987—1993

　　杰妮斯来到芝加哥大学和索尔进入她的生活之前的那些年月都可忽略。我弟弟亚当在芝加哥大学时与她短暂地一起上过研究生课程。他们成了朋友，据他说，杰妮斯是那么敬畏她的导师们，她会记录下他们所说的每一个字，甚至包括艾伦·布鲁姆的笑话。

　　杰妮斯在多伦多长大，有一个哥哥和一个当宇航员的姐姐。我与杰妮斯的父母只说过几句话。她的父亲是位心理分析师，非常崇拜索尔。亚当说，他曾劝杰妮斯在大学委员会攻读社会思想方面的博士学位，我父亲和艾伦·布鲁姆都是大学委员会的教授。过了几年，她的研究遇到了困难，然后她获得了一份作为索尔秘书的工作。她的忠诚与无私正是我父亲珍视的品质。

　　因为他们的恋情并未公开，我并没有怎么听到关于杰妮斯的消息，一直到1986年的一场家族的婚礼上，索尔告诉我他想娶一个比他小了四十多岁的女人。他坦率地谈论起一个年轻女人嫁给一个七十多岁的男人所做出的牺牲。在他的哥哥们身体越来越糟相继去世之后，索尔敏锐地意识到他很快会成为她身体上的负担，而且他剥夺了杰妮斯拥有长久婚姻与子女的权利。索尔也重复了莱莎和其他人提出的一些疑虑，他们都直白地劝他不要再生一个孩子了。我对这段婚姻的好处并未多加评论,但我对他再生一个孩子也表示不赞同。索尔欣然同意了我的态度。

我们俩单方面的交谈结束时,他总结说杰妮斯是个成年女人了,她明白自己在做什么,但他已经下定了决心。与我谈论他的疑虑只是一种练习,以减少他知道是自私行为的愧疚感。随着他们的婚姻成为可能,与杰妮斯亲近的人都劝她不要接受这种老夫少妻式的婚姻,但她不为所动。

我从我父亲那里再也没听他说过关于她做出牺牲的说法。但《更多人死于心碎》是一本关于爱情的小说,写于索尔与亚利山德拉的婚姻即将结束、他与杰妮斯的恋爱越来越浓之时。小说的主人公们贝恩·克拉德和他的外甥肯尼思·特拉亨伯格对女人困惑不解。贝恩为又一段爱情倾心付出之后,放弃了所有的浪漫爱情。不过,肯尼思在追求了不爱他的前妻之后,与他之前的一位学生蒂塔开始了恋爱。蒂塔拿定主意认为他们彼此合适,主动追求肯尼思。蒂塔对自己的外貌不甚满意,痛苦地做了整容手术,这个过程中面部肌肤要被打磨干净。肯尼思一直照料到蒂塔恢复健康,他发现蒂塔那么富有同情心且坦率地想要与他在一起。我觉得这部分内容揭示了许多个人的内容:肯尼思在蒂塔身上发现了索尔在他的前四位妻子身上没有发现的基本要素——不加思索的接受与温情。

我相信杰妮斯对索尔的支持对他来说要比我母亲、萨莎、苏珊和亚利山德拉提供的任何形式的支持更容易让他接受。他的前四任妻子都是非常自信的女性,她们不会因为嫁给他而表现得信心不足,而且她们还期待对方适当尊重她们的观点,尊重她们为家庭的付出。索尔与杰妮斯之间的年龄与生活阅历明显非常不平衡,但索尔却通过提出一些突出杰妮斯顺从性的要求强调那些不平衡。她会做他要她做的一应家务。最重要的是，索尔使用"宝贝儿"（baby）一词表示爱慕，考虑到他们之间存在的那些悬殊与差距，我觉得有点想不通。

应索尔的要求，莱莎为他们在辛辛那提举行了一场小型婚礼，杰妮斯的家人参加了婚礼。不久之后，他们来了芝加哥，杰妮斯见到了我、我的家人以及索尔的老朋友赫布和米茨·麦克洛斯基夫妇。或许她觉得有必要为自己辩护，便将自己的情况说给米茨听，解释为什么会嫁给一个比自己大那么多的男人，她说她宁愿嫁给索尔哪怕只得五年也不愿意嫁给别人过上五十年。杰妮斯计划完成她拖延了的博士论文，那部论文是关于浪漫主义文学传统中的女性，例如包法利夫人、安娜·卡列尼娜，她们为了某种理想中的伟大爱情做出了个人牺牲，而那种爱情在我们的现代社会已经不存在了。据索尔说，杰妮斯给自己设定了每天完成两页的任务，很快便写完了那部博士论文。索尔隆重地穿上了他的学术盛装，心满意足地参加了杰妮斯的博士毕业典礼。

到索尔七十岁时，那个曾经介于十几岁与将近五十岁之间的索尔让我父亲觉得后悔与羞耻，他感觉有必要在他还能这么做的时候改变、批判并且有时候否认那段过往。索尔什么都没有忘记，也很少原谅自己。受非常高标准的自我批评的困扰，我父亲极为敏锐地知道他做过什么或没做过什么。同时，索尔绝不愿承认他错了，甚至不愿承认他曾经错了。如此巨大的修正迫使索尔需要头脑灵敏、言语机智，并将两者结合起来；需要他划分清楚自己的生活的能力；需要他在内心严格地区分生活与艺术；还需要他避免内省的偏向。

但他的过去就是我的过去，而那些他想埋葬的过往于我而言充满了快乐的记忆和我所热爱的人们。回忆起他们,我满怀欣喜,但索尔对往事的怀念却是具有极高选择性的。使他自己远离"青年索尔"是又一次挑拨我与我所挚爱并想永远保有的年轻父亲之间的关系。虽然我远离他在加利福尼亚州建立生活,但他对他个人历史的修正比他对他自己的社会文化观点的修正更加糟糕,也会变成我们长久的冷战中新的危险点,进一步侵蚀我们本就已经岌岌可危的共同点。

"青年索尔"对权威的质疑包括了对他父亲的反叛、政治激进主义及背离他的犹太之根,这些也是我自身行为准则的构成性因素。成为著名的作家以及他所塑造的文学泰斗形象开始需要他否认他年轻时候的那些质疑并苛求我所忠于的那些人。他这么做的原因我并不能完全理解。当他做得太过分的时候,我给他扒出了他想要掩埋的过去,这使他非常生气,因为他知道我的话是有据可考的。

不过,对我们两人而言,独立于彼此并不是件容易的事。我觉得很矛盾,因为我热爱他,想要取悦他。而索尔也受到了限制,因为他不会允许自己模仿亚伯拉罕公然地要求子女对他顺从,但他渴望的正是他的儿子们对他的顺从。索尔转而用许多微妙的形式直接或间接地给我和家庭其他成员施加压力,经常要求"家庭情感"——那是拉辛时期遗留下来的共同牺牲的产物,从而从我们这里获得他想要的。

给好几位家庭成员只选择一位财务顾问,这表明索尔不论我们是否需要,想迫使我们遵照他的意愿。20世纪80年代,索尔聘请杰夫·克罗尔(Jeff Krol)为会计师,他对杰夫的工作和他的投资建议都很满意。很快他便劝莱莎、姑妈简和我都学他聘用杰夫。我抗拒了好几年,但是我对自己的财务越来越感兴趣,而且我向萨姆和沙尔在芝加哥的连锁疗养院投了些钱，而杰夫所在的位置很吸引我。索尔很高兴我改变了想法，一切进展得也都顺利，但是几年后，索尔却改弦易辙，唐突地结束了他与杰夫的关系，并希望我也能即刻学他的样结束聘用杰夫。我对杰夫的工作很满意，便拒绝了他，但我此后好几年不得不忍受我父亲直接施加的压力要我不再聘用他。最终，我还是重新聘请了我在加利福尼亚的会计师。索尔对此感到非常高兴，但即便是那样也没能阻止他一直抱怨我过了那么久才遵照他的意愿。这只是让我感觉厌倦过多使用"家庭情感"一词的众多事件中的一件。在我意识到索尔要求我们忠诚实际就是让我们遵从他一时的突发奇想并要求我们做出牺牲，而这些牺牲远远超过他为我和我的家庭所做的那些牺牲后，他所要求的"家庭情感"便不再能够左右到我。

索尔疏远的那些观点包括赖希的心理分析以及有助于他理性化的享乐行为。然而20世纪50年代时，那些是他非常认真在做的事。坐过艾萨克·罗森菲尔德做的生命力箱之后、索尔建造起自己的生命力箱之前，索尔告诉亚瑟·利多夫他一根手指上的一个肉赘消失不见了。亚瑟对此不以为然，索尔则受伤离开了。亚瑟的遗孀最近告诉我，那件事情之后不久，他们之间的友谊就结束了，亚瑟认为是因为他公然地嘲讽赖希心理分析才使他们的友谊结束的。

索尔和杰妮斯在巴黎度过一个学季期间，我也去了，那时候索尔对自己的自私和他强加在安妮塔身上的伤害有了一丝羞耻感。我和他在城市周围长距离地散步，他在途中指出了我们曾经居住过的地方。在巴黎的一条大街上，他坦承一直受到对安妮塔的愧疚感的困扰，并说："在这里，走到哪里我都会想起你母亲，想到我给她造成的痛苦。"

羞耻感是索尔保护我避免受他的不忠影响的一部分原因,但他在巴黎所说的那些话是他唯一一次提及他曾拈花惹草的事。而我只有一次提过这件事,那时我读了詹姆斯·阿特拉斯(James Atlas)的传记,其中报道了索尔的一段婚外情,我觉得非常伤心便去问他这件事,索尔否认了阿特拉斯写的事件,贬损了他,并问我关于他的过去我是否想知道其他事。我当时拒绝了。后来,我觉得我辜负了安妮塔的回忆,因为我没有告诉索尔任何时候我一想到他长期的不忠带给她的不幸,我有多生气。

索尔很久以前便不对那种死板的教条抱有幻想了,因为正是那种死板的教条强迫托洛茨基主义者奥斯卡·塔尔科夫与他信奉斯大林主义的女朋友分了手。写于1944年的《晃来晃去的人》中有一个场景,约瑟夫在一家饭店里遇到了之前的一位同志,但对方甚至都不愿打招呼,这让约瑟夫非常恼火。索尔认为那些促使他拈花惹草、放荡不羁、纵容儿子的马克思主义观点令他犯了令人羞耻的错误并极力贬低它们的价值。索尔对他父亲的反抗包括拒绝从事煤炭业、以作家为职业、争论政治问题、为钱争吵、夸耀他拒绝接受亚伯拉罕坚守的犹太传统。索尔最终完全不再提及他与亚伯拉罕的争吵并开始满怀怀念地说起我的祖父,这让我很惊讶。或许因为他们曾经有过那么多痛苦的争吵,索尔尽力不与我争论。为了尽量避开他的长篇大论,我也经常不与他争吵,但他修改了许多关于家族生活的故事,略去了他与他的父亲之间令他感觉痛苦的关系,这一点总让我苦恼。

我一点都不怀疑索尔开始后悔他与安妮塔曾给我的自由,或许因为由之所滋生出的独立性让我远离了他,使我抵制他为时已晚想要施加于我的影响。当我拒绝回到由我父亲界定的因之前数代人积累的智慧而保持完整的世界或者家时,我和我父亲之间就时不时地会有尖锐的争吵。以他所设想的那种权威——这是他之前所抵制的——为基础的代际冲突此时已基本取代了我们文化政治观点的差异而引起的争论。

索尔对生活所做的所有修正中最令人震惊的是距他去世前五年的一个评价。当时我们在波士顿的某处散步，他突然主动提起："我真不该跟你母亲离婚。"我目瞪口呆，告诉了他我的疑惑：我觉得他无法不与安妮塔离婚还继续写他的小说，进而追求作为一个作家更加独立的生活。他并不理睬我的那些想法，就好像无论如何他都能完成《赫索格》，那本充满了他第二段婚姻失败带来的痛苦的书。我只能推断，索尔因为离开了我们，他从来都没有原谅过自己。

他晚年做出的那个评价以及另一个评价直接触及了他写自己和他生活中的人的方式，甚至还触及了他将艺术与生活分离的方式。我去波士顿拜访了索尔，当时我被一位同事违反道德的行为深深困扰。我谈起我对心理分析师拥有塑造病人的生活的可怕能力感到担忧。我父亲的反应是他永远都不想娶他创作的任何一位女性。他竟然看不到他的妻子们与他的叙述者们娶的女性之间的相似性，这让我惊得说不出话来，但他确实觉得他完全是通过想象创作出了他笔下的那些人物。当被问及他笔下的人物时，索尔总是坚持说他赋予了他们各种特征，他认为这些特征对于创造出更重要的文学观点很有必要。

另一方面，索尔当然是在他结束第二段和第三段婚姻后的盛怒之下进行的创作。而且，让许多人懊恼的是，他出版的作品赋予了他最终话语权。前妻们、失败的现实导师们、"不忠的"朋友们都感到愤怒、受了伤害，但他们却无法自卫，因为索尔明确地指出了他们的怪癖，记录了他们的不义行为。读完他的每一部小说，据我所知，我没有成为他嘲讽的对象，我得承认我松了口气。但我仍然确信他的小说不单是或者甚至不主要是为了报复那些伤害过他的人，因为要是为了报复的话，那索尔·贝娄永远成为不了他那样伟大的作家。

这并不是说索尔在生活与艺术之间划定疆界就不会受到严肃质疑。他在一部又一部小说中自由地越界，攻击任何认为他越界的人。这样的文学通行证会也的确经常渗入丝毫不加掩饰的盗窃行径。窃取某个人的人生并非是无受害人的犯罪行为。相反，这样的犯罪行为中，其受害者根本没有发声的权力。我近来听到我父亲新近出版的信件的编辑本杰明·泰勒（Benjamin Taylor）声称，在一部伟大的艺术作品中成为不朽并不是一项殊荣。

虽然我没落入我父亲的手里，成为他嘲讽的对象，但我却是那个可作证的未成年被害人。菲利普·罗斯的《凡人》（*Everyman*，2006）中有一个葬礼的场景让人想起了索尔的葬礼，葬礼上，小说中的一位虚构人物所说的话几乎一字不差地与我仪式性地将一抔土撒在索尔的棺木上时，我在墓旁最后对我父亲说的话一样。我很少会在这种文学性的小争论中受到伤害，但我觉得自己被恶意利用了，这足以让我更深刻地理解我所在意的人被我父亲的小说伤害了。伊迪丝·塔尔科夫觉得《赛姆勒先生的星球》中一个深情的形象过度曝光了她，她在小说出版后的一年时间里都不愿意出去见人。杰克·路德维格曾公开说他是《赫索格》中瓦伦丁·格斯巴赫的原型，但有人告诉我，即便是他，在成为祖父后也改变了作风。我无法想象萨莎、苏珊、亚利山德拉在某一部小说中被抨击却毫无抵制之力，这对她们会有怎样的影响。

对于索尔来说，他过去的行为中最让他感到羞耻的就是他曾背离了犹太之根长达三十多年,他当时出于马克思主义信念,将背离犹太之根视为他认为必要的文学学徒期的一部分,另一个原因在于有组织的宗教礼仪无法打动他。那些年里,他拒绝被贴上"犹太作家"的标签,甚至有一次刻意地宣称他喜欢曲棍球,但没有任何评论家为他贴上黑鹰队球迷的标签。而且,他允许我决定不上希伯来学校,三十年里一声未吭。

1967年阿以战争期间,索尔待在以色列的那段时间触发了他内心深处的某些东西,并且毫无疑问让他觉得羞耻,因为他无视了可怕的犹太大屠杀带来的全面影响,无视了自己背离了犹太人的自我认同。作为一位老人同时又是一位著名的作家,他修正了自己,公开承认自己是犹太作家。他在支持以色列的请愿书上签名,并向在苏联饱受反犹主义侵害的作家提供帮助。

他还掩盖了自己对犹太传统的抵制。在他忙于修正自己的过往的那些年里,我大伯母玛姬告诉过我,祖父亚伯拉罕在索尔和安妮塔的冰柜里发现了火腿时有多震惊。我将这件趣事转述给85岁的索尔听时,他激烈地否认。但知悉我父母的态度,知晓了玛姬提供的细节,听了家族其他成员讲述的众多故事——比如索尔借了萨姆的车在犹太人的赎罪日去会朋友——我趋向于相信玛姬。

索尔从未承认过让我选择不举行犹太成人礼让他感到羞耻,但到20世纪80年代中期的时候,他肯定断言过他几十年前犯了错。他的立场的改变以及他施加的压力都可将那些代际间的争论归结成一场战争,战争的主题是如何养大一个知道对错的孩子。我儿子安德鲁快十多岁的时候,索尔开始劝我要强迫他上希伯来语学校,要给他举行犹太成人礼。他先是责备我忽视了我的宗教遗产,这样的责备我愿意接受,因为的确是这样,而且这样的责备也避开了一场争论。不满意他没法改变我对我儿子的态度或行

为,他增加了给我的压力,告诉我让安德鲁了解他的遗产多么重要
(虽然他从来没提过朱丽叶需要接受犹太教育)。

　　面对索尔的直接施压,我始终不愿意强迫我儿子参加我认为
空洞的公开仪式。我越来越确定,索尔在多年的沉默之后所进行
的修正行为是努力想要弥补他自己对犹太之根的背离。当他不懈
地劝说我的时候,我反驳他的那些关于宗教学习的价值的观点,列
出了严守教规的那些人的道德失范行为,并坚持认为信仰常常是
恶棍最后的避难所。即便是这都没能让索尔沉默,我便提醒他是
他同意我不接受犹太教育的,如此他才让步。

　　最终,索尔不再直接游说我了,但一如往常,如果他仍然不满
意,很快就会有一位信使到来,这次来的是鲁斯·维斯。她是哈佛
大学的一位意第绪语学者,在波士顿与索尔和杰妮斯成了朋友。
我那时还没见到鲁斯,但索尔告诉我他有多喜欢与她用意第绪语
说话。鲁斯来斯坦福参加一场会议,我被邀请参加欢迎会,她在欢
迎会上向我介绍了她自己。我很高兴认识索尔的朋友,但寒暄了
几句之后,她开始缠着我谈论安德鲁的犹太成人礼事宜。我不知
道鲁斯是自己想要传递索尔的信息还是索尔让她这么做的,但无
论如何,显然鲁斯了解这场争论的细节,而我认为那是我们的家
务事。

　　我下一次去波士顿的时候还很生气,我不愿意让我们父子之
间一直存在的那个关于迈克尔·里弗的宗教困惑的笑话被误认作
是幽默,这触发了我们之间关于安德鲁的宗教学习的最后一场无
情的争吵。我指责我儿时朋友的父亲,无神论者莫里斯·里弗,是
个伪君子,因为他迫使自己的儿子参加犹太成人礼。我告诉索尔,
"你说着一样做着另一样,教不会你的孩子什么是好什么是坏。"索
尔听后大发雷霆。他说他从没见过的迈克尔的父亲是位可怜的移

民父亲，他努力想在新世界保留着他的传统。杰妮斯明智地让我们俩都别吵了。我意识到索尔在莫里斯·里弗身上看到了他自己的移民父亲，而我却因为我的父亲与祖父坚持传统仪式而说他们伪善。顺便提一下，迈克尔最终成了 20 世纪犹太史方面的学者。

即便是在索尔成名之前，人们就对我说他们不知道怎么接近他、到底是否要接近他或者接近了与他说什么。如今，在声誉中浸淫了数十年，人们对我父亲的敬畏使得他对他过往的说法不容置疑。他的声名培养了其文学大家的形象，索尔说他天生就会写作，这更为这一文学形象推波助澜。有人问他是否考虑过从事另一种职业，他聪明地反问他们会不会问一条蚯蚓同样的问题。索尔还培养了这样的观念：学术界在他作为作家的发展中几乎并未给他提供过帮助，他主要是靠自学。索尔将他的最初两部小说描述为他的硕士与博士论文，这就意味着他描绘了一位年轻作家模仿了欧洲的大师们，但他却并没有说他的那两部小说的处理方式部分地也是为了向持有反犹倾向的学者们证明他的价值。

我完全赞同文学的学术研究对索尔作为作家的帮助很少，但培养一位文学大家意味着他仅是在伟大作家指导下实现的——这样的观念说明他忽视了他从朋友、同事、家人甚至陌生人那里得到的支持与评论。索尔尊崇艾萨克·罗森菲尔德，毫无疑问，他从他的朋友那里获得过许多有有远见的意见与评论，不仅如此，"青年索尔"急切地与他人分享他创作中的作品，这也使他受益良多。他曾在我们家里给来访的客人大声朗读，但我不记得他在晚年那么做过。

米茨·麦克洛斯基说，罗伯特·潘·沃伦（Robert Penn Warren）称赞了《受害者》但同时也指出了小说的线性叙事形式，索尔对此十分恼火,但在索尔的下一部小说《奥吉·马奇历险记》中,那种线性形式消失了。我还亲历过相似的场景,那是我们遇到罗伯特·弗罗斯特(Robert Frost)的时候。当时我十岁,索尔已经带着我去弗罗斯特在巴德学院体育馆举行的朗读会。我只记得弗罗斯特顺滑的白发,无畏的索尔向这位诗人自我介绍说他"从纽约到这里(come down from New York)"听他朗诵。弗罗斯特打断了他说,"你的意思是从纽约上这里(up from New York)"。索尔无疑被伤到了,他经常不做评论地重复这个故事。但我现在意识到,他也是在意弗罗斯特暗中的教导,即每个字都很重要。

我极为担忧的是他修正早期个人生涯的那些方式。他晚年不仅仅淡化了他所获得的帮助,还进而长期严厉批评那些他明知帮助过他的人。虽然安妮塔曾劝索尔放下工作一年从事创作,由她负责养家,并且在索尔缺乏自信时给他情感上的支持,但索尔却遮盖了他曾公开对我母亲表示的敬重。他对她的支持只字不提,这让我母亲和我都很恼火。他对过往的修正还涉及我女儿朱丽叶。朱丽叶的祖母过世时她 12 岁。读研究生时,朱丽叶曾请索尔给她讲讲安妮塔,但从他与安妮塔 15 年的婚姻中他能给出的回答非常令人失望,只说她舞跳得很好。似乎那还不够,索尔觉得有必要继续攻击她,他抱怨我的外祖母戈什金极具控制力,这令她的儿子们都柔柔弱弱。他一遍又一遍地嘲笑戈什金一家文化方面的不足,并嘲弄毕比浪漫轻浮。

我对这些人身攻击极为愤怒,因为毕比、伊迪丝·塔尔科夫还有我日益衰老的姨妈们对我非常重要,而且她们还健在。到 20 世纪 80 年代的时候,她们都住在纽约,相互照料。我的两个弟弟和前两任继母也都搬到了纽约。萨莎幸福地再婚了,苏珊离异后一直单身,也住在附近。这两个小圈子成了我的家庭在东海岸的分支，我每年至少会去看他们一次。

伊迪丝·塔尔科夫那时已寡居，住在我姨妈她们街对面的小公寓里，索尔还会定期去看她。伊迪丝从未真正承认过我父母的离异，还是会告诉他他的"大姨子们"的福祉，她会给安妮塔的姐姐凯瑟琳和艾达打电话，然后安排索尔与她们一起喝茶，当然用的是旧时沙俄的泡茶方式。凯瑟琳利用他的来访报复亚伯拉罕差不多五十年前的怠慢，那时候他离开了一大家人正用餐的午餐桌睡午觉去了，她指出索尔"肯定在生活方面有了很大进展，考虑到……"索尔很清楚她的意思，他感到很受伤，因为凯瑟琳提醒了他那次让他耻辱的婚礼后的午餐以及戈什金一家人评价他们家人卑鄙、粗野。

几年后，我的姨妈们来科德角（Cape Cod）与我们一家住了一周。凯瑟琳回纽约后不久便去世了。艾达此时独自居住，她觉得伊迪丝·塔尔科夫肯定会活得比她长久，可以为她提供帮助。但伊迪丝的肺部有问题。毕比每天都会给伊迪丝打电话，但那天电话无人接听，她便进了伊迪丝的公寓，发现她已孤独地离世。警察来了伊迪丝公寓后，毕比仍不愿离开她的遗体，一直等到伊迪丝的子女来了才离开。警官告诉毕比，法医移走遗体之后必须要封锁这间公寓几天。毕比很担心伊迪丝钟爱的非洲紫罗兰，她问警官："谁给它们浇水？"警官回答："认清现实吧，女士。"我告诉索尔关于伊迪丝的花的事情，他又是对毕比一贯地冷嘲热讽，说她是个"异想天开的姑娘"，很少关注真实世界。我生气地反驳他，毕比对我一直很上心，对索尔和安妮塔也是同样地上心。据我所知，我继续反驳他，是毕比在纽约的各家市场四处搜索只为找到新鲜的草莓，因为她知道我多么爱吃鲜草莓，她想确保我早春过生日的时候能吃到它们。我再也没在他那里听到毕比的坏话，我真希望我早点跟他表明我的看法。

伊迪丝·塔尔科夫和艾达·戈什金去世后,毕比开始患上大脑综合征,导致她的记忆力迅速退化。很快,她不得不接受全日制的护理,几年后便去世了。我打电话给索尔,告诉他毕比的死讯,我们那一刻都感到非常悲伤。我给他寄去了我写的悼词的复印件,他很高兴。那份悼词由毕比的侄儿在她的追悼会上朗读。

索尔去世前十年,在某一个极为罕见的不完全的自我忏悔的时刻,他自言自语地谈论了他的家人。他说,贝娄家族有一个施虐狂(莫里)、一个受虐狂(萨姆)……我被吸引住了,便移至椅子的边角,期待着他会怎么说他自己,但他的声音却小了下去。我知道他下面会说什么,但他不愿意自我审视,也不愿意审视他的姐姐。

索尔的小说中偶尔也会出现令人耳目一新的、真诚的愧疚,这与我们那些谈话中满是对过往的修正主义形成鲜明对比。阿特·赛姆勒承认,因为他背弃了犹太之根,无视了他真正的历史。因为索尔实际上的确在报道了 1967 年的阿以战争后回归了他的犹太传统,阿特·赛姆勒所承认的是索尔在小说中的自白里最真切的。在他 1977 年做了杰斐逊讲座十年后出版的《院长十二月》里,索尔的叙述者阿尔伯特·科尔德与杜威·斯潘格勒有一段长谈。杜威·斯潘格勒是阿尔伯特·科尔德高中时期的好友也是竞争对手。他后来成了见多识广的记者,而科尔德则似乎在职业生涯中一直漂浮,成为院长是其职业生涯的顶点。科尔德刊发了两篇有争议的文章,展示了美国生活的阴暗面,引起了抗议的风潮。斯潘格勒太熟悉写公共事务方面的问题易犯的错误以及科尔德年轻气盛的理想主义,严厉批评他的老友明显走错路,如此大胆地写公共问题。我从斯潘格勒的批评中看到的是我父亲的自责,他受到声名的引诱在杰斐逊讲座中做出了一些超越文学界限的声明，从而成了其受害者。

查理·西特林无法摆脱声名与财富的快乐对他的玷污，这与我父亲大致相似，我父亲对自己感到失望，对鲁道夫·斯坦纳的学说感到幻灭。但索尔对来生的好奇、对通往不朽的道路的寻求从未停止过。《更多的人死于心碎》中，索尔赋予肯尼斯·特拉亨伯格神秘主义方面的丰富知识，这也与索尔继续阅读斯坦纳之后的学说相似。有时候，索尔确乎已经将他关注的问题从此世移向了来世。在旧金山的一场讲座中——这是索尔生命行将结束前做的一次讲座，有听众问人死后会发生什么，他回答时说"这是唯一一个真正的问题"。在我看来，那样的评价否定了关于此世生存的同样重要的问题，这些似乎是索尔已经放弃的问题。鉴于此，有人告诉我说索尔患病临终期间的床头桌上放着一本用旧了的《新约》，这一点都不让我感到惊讶。

但索尔的叙述者们那些自我怀疑、心照不宣的歉意甚至承认错误，并不都是同样地真诚，就像他那本回顾过去的中篇小说《真情》所显示的。哈里·特雷尔曼似乎是在重新审视他漂泊不定的无根生活，他向他高中时期的恋人艾米·伍斯特林求了婚，他此时坚持认为他对艾米真挚的爱是真诚的，虽然他上高中时已经坚定地确立了自己的人生方向。但艾米了解得更多，她质疑哈里，说他更感兴趣的是那些不切实际的哲学观念而不是她。

我相信索尔也是如此。他选择了拥有非凡文学意志的生活和终身的自私行为模式，这是他无法否认也不能完全遮蔽的。我与他的修正主义争辩，紧守着那些美好的回忆，但是直到后来我才意识到，我那么做是因为我是个孩子的时候远比我成年后与索尔更亲近。索尔比我更清晰地认识到我们之间的疏远带来的不良后果。他给我寄了张照片，它成了这部回忆录的护封。[1] 照片的背面题写着关于我们父子亲密关系的话语，对我们来说，那很不幸地成了久远的过去。我写作的时候就将那张照片放在我面前，直到今天都是。

如果埋葬我们的过往还不够让我们的关系紧张，那么我父亲的不安以及他丝毫不关心我为什么优先考虑家庭、为什么选择成为心理分析师，这些都使我们的关系更加紧张。索尔不愿进行自我反省，显然他认为这是保护他创造力的方式，这使他非常警惕我的职业。索尔相当自豪地坚称，他已经决定忽视他的心理问题。很久以前，他就已经决定信任意志力。安妮塔告诉我，索尔仅是下定了决心不再害怕便克服了他极度的怕痒心理。我还是个孩子的时候经常会考验他，果不其然，我胳肢他的时候，他从未退缩过。我们在巴黎的几年里，索尔被诊断出他嘴里的疼痛是癌症前期的症状，他便一夜之间不再使用他的烟斗。

不过，有目的地摒弃他个人的缺点仅仅部分地解释了为什么他对内查以阐释动机与行为可以了解到什么这方面持有怀疑态度。他觉得他所经历的治疗没有一个有帮助，或许他相信治疗取得了反效果。他被威尔海姆·赖希关于情感的想法深深吸引，但永远不会相信赖希晚年的那些关于生命力能量的愚蠢想法。但是后来，索尔告诉他的英国出版商巴利·艾利森赖希疗法促使他与我母亲离了婚。理性的米尔医生对他进行的心理分析只是使他更加怀疑治疗性的自我反思中能否获得洞见。索尔在他的中篇小说《偷窃》中嘲弄了心理学对阐释的过度使用。毫无疑问，他觉得弗洛伊德将创造力归结为力比多的升华是令人不快的概念。

我觉得心理分析理论充分包含了复杂性，我知道这种复杂性

---

① 指原书。本书中，该照片被用于书签。

对于索尔的人类观至关重要，并且，我也认为理解人类本性的神秘之处是我们之间至关重要的共同点。作为病人，我的心理分析体验都很正面，与索尔不同，我觉得内省对我的病人和我自己而言都是面对真实情感的有益方式。我开始将无意识视作个人资本、我工作中的助手，但这让索尔很不安。他所感兴趣的心理学是那种包含可理解的论证线索的心理学，可以解释矛盾或神秘行为的心理学。有一次，索尔一位朋友的成年孩子离奇死亡后，他们夫妻的婚姻也结束了。索尔对此很困惑。他一贯对这方面缺乏兴趣，但这次他非常罕见地问我为什么这对父母会如此残忍地对待对方。我解释是因为在他们彼此悲伤的时候都无法责怪那个孩子，只能对彼此发泄愤怒。索尔对于这样一个结合了内心生活与理性的解释很满意，他感谢了我，没再多做任何评价。

在读了我给他的海因兹·科胡特的作品后，索尔反对心理分析的想法有所软化。索尔曾简略地咨询过他，那时他与苏珊的婚姻状况恶化，苏珊坚持要求他去接受咨询。我觉得科胡特关于自我的理论是一种替代性的心理学理论，它非常吸引我，足以使它成为我博士论文的主题。他的观点吸引了索尔，它们成为我俩讨论"人类灵魂"与"内在自我"的差异的一部分，"人类灵魂"包含了精神维度，而我将"内在自我"限定在了俗世范围内。

我一直想知道，索尔不喜欢我的职业是否因为他害怕我能看穿他那么煞费苦心与每个人之间竖立的障碍。或许某种程度上他预料到我会在向公众的描述中用到我对他的了解。无论我们对心理分析存在分歧的原因是什么，我们根本不再讨论自我反省的价值。

我不满索尔与我的家庭保持距离。在我妻子拒绝听他满腹牢骚地说我之后，他从来都不跟她和睦相处。虽然他表达过成了祖父后的兴奋，但我们去芝加哥探望他时，他几乎从没想过要与朱丽叶和安德鲁待在一起。芝加哥住着孩子们所有祖父辈的人，但只有我陪伴他们，索尔才会与他们待一会儿。他来加州没有一次本身是为了来看我或我的家人。他总是安排好来开一场讲座或出席为他举办的大型公众活动，然后他会在日程上加上几天与我们待在一起。与我们一起的那几天里，他会抱怨没有从我们这里获得如讲座主办方那般隆重的接待。

我的两个孩子都与他们的祖父不亲。对于他对孩子们的忽视，我在我的每个孩子年满十八岁的时候都告诉过他们，他们与索尔的关系由他们自己决定。朱丽叶因为选择了哥伦比亚大学而非芝加哥大学而让她祖父伤了心，但索尔和杰妮斯搬到波士顿后，朱丽叶在她二叔亚当的鼓励下去看望了几次，想要培养她与索尔的关系。对朱丽叶来说，这几次拜访都令她不快。索尔要么向她数落家里人的不是，要么不断问她为什么安德鲁对学术课程不感兴趣。她开始与她未来的丈夫查理·舒尔曼（Charlie Schulman）——查理是我弟弟丹的老友——约会后，索尔便喜欢盘问朱丽叶和查理丹过得好不好，对他们两人的生活则没有表现出任何兴趣。

我知道索尔跟孩子们在一起的时候会是多么迷人、多么开心。我曾希望他在我孩童时期投在我身上的大量注意力也会投注在我的孩子们身上。虽然我并没有刻意去考虑这方面的问题，但或许我还是希望我与索尔之间日益消逝的亲厚感能够经由朱丽叶和安德鲁而恢复。我始终不确定他的寡言少语是表明他不满于我未将精力投在他的身上，还是说明他养了三个儿子后已经对为人父母感到疲惫。

随着我们之间的关系降至最低点，我开始自己去波士顿看望索尔。有时候我们之间的情感纽带会自然显现。我在大学时只是中等生，但我1981年获得临床社会工作博士学位，索尔到加利福尼亚拜访时激动得流着泪说："我的赫谢尔（Herschele）［我意第绪语名字的昵称］拿到了博士学位。"

但我经常得刻意努力才能延续我们之间断断续续的联系。索尔特爱燃火，甚至是在夏天他也会燃上明亮的小火焰以便在佛特蒙的早晨暖一暖。随着他日渐老迈，我开始认为，我努力修复我们之间现在已经难以寻找到的亲厚感就像是在拨弄壁炉里年复一年愈亦暗淡的余烬，尽管我们还怀念着许多我父亲和母亲两边家庭的人以及很多的朋友。

他们刚结婚的几年里，杰妮斯对索尔的儿子们很友好。她会问候我们的孩子们，并且得体地没有承担起我母亲的角色，因为我比她大了大约有15岁。杰妮斯当然不欠我们什么，或许她因为我们最初反对她与我父亲结婚而心生了不快。在她与我的关系中总有一种克制感，这是我与萨莎、苏珊和亚利山德拉的关系中所不曾有的，她们除了了解我与索尔之间的关系外也会努力去了解我。萨莎和我关系密切，苏珊对我很亲密，亚利山德拉成了朱丽叶的另一位祖母。

我们这三个儿子对我们父亲的再婚都已习以为常。我们各自与自己的母亲居住，那些监护人探访的安排很少会需要我们在相同的时间分享索尔的陪伴。亚当出生的时候我13岁，丹出生时我已经上了大学，这样的情况缓和了我们兄弟间的竞争。我们各自都有单独与索尔待在一起的时间，他可以找到办法对三个儿子表达他对他们的爱。现在我们都是成年人了，我们都愿意让杰妮斯成为她似乎非常渴望的索尔最喜爱的那一个。但我相信她并不明白我们三兄弟已经习惯于分享索尔的爱，习惯于分享他对每一任新妻的爱。杰妮斯似乎也不明白,索尔的三个儿子对于他生气时习惯性地抱怨我们已泰然自若——因为我们都知道那很快就过去了。

索尔和杰妮斯在一起的最初几年里,他们在美国、欧洲和以色列赶赴了许多公众活动。他们搬到波士顿,离他们刚完工的佛蒙特的房子更近,他的老朋友们像薇姬·利多夫·费什曼(Vicki Lidov Fishman)、席塔·科根(Zita Cogan),新朋友们如史丹莱·克劳邱(Stanley Crouch)、马丁·艾米斯都会去拜访。既然索尔与亚利山德拉已经离了婚,艾伦·布鲁姆重新成为索尔家受欢迎的客人。

当你与索尔一样,与其他人大为不同时,你常很自然地会被艾伦·布鲁姆这样的人吸引,因为你有着与他一样的个人观、智识观与政治观。艾伦对柏拉图的灵魂观念有着丰厚的知识,他研究浪漫主义,以及他乐此不疲地给人做媒,这些足以使索尔喜欢上他。我父亲克服了他毕生对同性恋的厌恶感,甚至还将艾伦列入了他那一长串现实指导者的行列。那几年里我很少去看望索尔,所以我从没见过艾伦,但他的影响却很明显。索尔的最后一部作品《拉维尔斯坦》是一部极好的布鲁姆回忆录。这本书几乎丝毫未将自己伪装成小说,其中充满了真实的事件、索尔所分享的情感以及全家人谈论的各种问题。我认为这部作品很大程度上是一部非虚构作品。

布鲁姆和索尔都教授福楼拜和司汤达,他们的浪漫小说都围绕着那些竭尽全力取得自己曾经只能幻想的能力的人物展开。艾伦通过讨论性爱的力量(the power of Eros)与柏拉图对两性之间渴望的解释来阐明小说中那些庞杂的概念。柏拉图认为,男性与女性在身体上本是统一体,他们之间长久遗失的统一性构成了他们彼此吸引的原因。

　　超越个体局限性的能力与摆脱男性、女性之间吸引力的能力融合成了我所称的布鲁姆的爱情公式：他将这似乎合理的基本理论在索尔对爱情持有最悲观的态度的时候提供给了他。随着索尔与亚利山德拉的婚姻无法继续维持，艾伦要他的朋友克服恐惧，试着再爱一次。杰妮斯也受到了艾伦的那些想法的迷惑，相信爱具有转变性力量，相信总有一个绝配在那里等着配对。像杰妮斯这样聪明、受过良好教育的女性无疑需要一个理由为她的婚姻做出解释，因为她要嫁的是一个会让她无儿无女且让她成为年轻寡妇的男人。而那样的理由，即对索尔最真的爱，消除了她对未来的所有恐惧。

　　年届七十且又刚刚第四次离婚，我父亲对于爱情非常谨慎，这不足为奇。索尔想要在开始又一段婚姻之前三思再三思，尤其这样的一段婚姻带着各种失衡的色彩，他的私心那么明显以至于他无法否认。我期待我父亲在一生都遵从了那么多糟糕的建议后，这一次能戒掉听信现实指导者的坏习惯，但与先前给他提供建议的那些人一样，布鲁姆说的话听起来让人觉得他似乎了解自己在说什么。他关于爱情的建议足以使索尔信任一个死于艾滋病的同性恋者。我父亲忽视了自己一生都在严厉斥责的那些毕比持有的浪漫观念，选择接受布鲁姆的哲学观点，遵从他的建议，因为布鲁姆的建议为他跟亚利山德拉离婚、娶杰妮斯提供了合理的依据。

　　布鲁姆的理论明显表现在亚伯·拉维尔斯坦的智慧中。亚伯·拉维尔斯坦是小说同名主人公，他无所不知——举几个例子来说，历史、政治、哲学、金钱以及两性关系。小说中的虚假叙事者齐克难道不该允许亚伯在爱情问题上给他提供指导意见吗？毕竟，亚伯已经对齐克与女人之间的问题进行了评价：亚伯所称的齐克的虚无主义不足以让他意识到并接受罗莎曼对他的爱。亚伯认为齐克太过于受到传统道德的束缚而无法采取虽自私却必要的行动,即摆脱他的妻子薇拉,接受罗莎曼,这会让他幸福。亚伯说薇拉女人味不足,他们的婚姻中没有烹饪、没有爱,太过独立,缺乏足够的温情。由此,他觉得这就难怪齐克的灵魂会处于欲求的状态。而且,亚伯绝不允许他的朋友自我否定,规劝齐克要对自己说:"去他的规矩。那个女人爱你,去争取吧。"

　　索尔的两位挚友艾萨克·罗森菲尔德和艾伦·布鲁姆——他们最了解索尔,索尔也通过两个虚构人物形象表现了他们——对我父亲做了相同并且完全精确的评价。作为达孚王的艾萨克和作为亚伯·拉维尔斯坦的艾伦都注意到他们的互补性人物吉恩·亨德森和齐克不具有给予爱的能力,却又随意地接受爱。我相信那是索尔最大的性格缺陷,我父亲似乎也借助达孚和亚伯之口承认了这一点。

　　索尔向家人所求的多于他所给予的。作为他所有婚姻的见证者,我发现我母亲、她之后的我父亲的几任妻子以及索尔的三个儿子都期待获得比我父亲所能提供的更多的关注与情感支持。我们锋利的棱角因为失望而无疑变得更加锋利,但索尔无法提供给我们更多。

　　不过,艾伦·布鲁姆的爱情公式推动了索尔与杰妮斯之间的真爱和长久的婚姻。尽管最初我持有保留态度,但他们之间的关系确实与众不同。毫无疑问,索尔在与亚利山德拉的婚姻失败后有些顺应天命的意思了,是杰妮斯打破了僵局。而且,我想说杰妮斯坚称她并没有受到其他家庭成员感受到的失望的影响,她在这方面独一无二。

　　我断定索尔在《拉维尔斯坦》中持有的爱情观是关键。心事不应该由包括我在内的那些"持有客观态度的"外人去猜测，这些外人们都认为杰妮斯的爱极度无私。在我父亲看来，他非常高兴的时候常说，她的爱"正是他所需要的"。

第十章

衰退中的索尔：1994—2005

　　1994 年感恩节的周末，索尔差点离开我们。冬季去加勒比海旅行本是想让我父亲提起精神，因为他仍对 1992 年艾伦·布鲁姆的离世感到悲伤，但这次旅行出了大岔子。索尔在《拉维尔斯坦》中的虚构性描述非常接近我所理解的发生的那一连串事件：温水里游泳，晚餐吃了一条有毒的鱼，错误判断了一个已经重病的人，飞回波士顿，坐着救护车进了急诊室，病情愈加不明，入院第一夜好几次休克。丹、亚当和我很快去了波士顿与杰妮斯待在一起。索尔的诊断一直未确定，一天又一天过去了，他陷入了药物引起的昏迷。我们坐在他的病房里，分析着每一点点新出现的诊断消息。杰妮斯说索尔醒来会想要看到完整的医学报告，便在一个很大的黄色便签本上做了很多笔记。

　　几乎所有最迫切的实际问题都被考虑到了。我们的小世界就像是一系列的同心圆将他包围在中间保护着他。最里面的圆里是索尔，杰妮斯保护着他。杰妮斯连着熬了几天的夜，精疲力竭，她的健康状况让护士和我们三兄弟都很担忧。但是杰妮斯拒绝回家，她说她只要一把牙刷和几件干净的 T 恤。接下来的一圈由丹、亚当和我组成，我们一致认为我们首要的工作是保护好杰妮斯和索尔。一旦他生病的消息泄露出去，我们的保护工作也会包括不让那些得到消息担忧他的人绝望。莱莎本想来波士顿，但她还是答应我们一天给她多打几通电话，而她要让贝娄家族的其他人能时刻了解最新情况。

　　家人之外的那一圈里有他的著作代理人哈丽特·沃瑟曼、他的律师、朋友和同事。哈丽特自己才刚刚从严重的健康问题中康复，她坚信只有那位刚刚挽救了她的生命的医生能救得了索尔。甚至在我到达之前，她极力要求来波士顿，但亚当和我都知道哈丽特插手的话会让杰妮斯伤心。我们尽力让她忙于一件苦差事：保证杰妮斯能有现金，事实表明，杰妮斯使用不了索尔的银行存款。但哈丽特很快又来烦我，她不同意待在纽约，最终我发了火她才有所收敛。

　　差不多是安妮塔八十岁生日那天，我坐在索尔的床边，杰妮斯播放了一张亨德尔的《水上音乐组曲》的CD，这些曲子总能让我想起我童年时期的快乐时光。我突然大哭并跑出了病房，因为我已经失去了母亲，我接受不了我很有可能又要失去父亲。回到病房，我给对我深表同情的杰妮斯解释了我为什么哭泣。索尔还在昏迷中的时候，我们失去了又一位朋友。我妻子打来电话告诉我艾萨克·罗森菲尔德的儿子乔治·撒朗特（George Sarant）突发心脏病去世，情形很像四十年前导致艾萨克去世的疾病。随着我的情绪慢慢失控，我无法一直坐在病房里了。我需要休息一下，便去了纽约，好几天的时间里，我那时候还是名大学生的女儿朱丽叶和毕比一直给我支持。我确保了这次待在纽约的几天能让我恢复情绪去参加乔治的悼念仪式。索尔没参加艾萨克的葬礼，也没出席奥斯卡·塔尔科夫的葬礼，我下定决心这次一定要保证有一位贝娄会出现在葬礼上。

　　杰妮斯和我都知道乔治去世的消息会让索尔很受打击，我们便商量着怎么告诉我父亲，他醒来的时候肯定极为虚弱。我需要拖延着先不告诉他，直到杰妮斯告诉我索尔已经恢复，足以忍受这样的打击。但返回加利福尼亚大约两周后，我开始担心看望索尔的人当中有一人或许会无意中说出乔治去世的消息。征求了杰妮斯的意见之后，我给我父亲打电话告诉了他这个可怕的消息。索尔获知艾萨克的儿子与他父亲同样死于突发心脏病而痛苦地哀号，在这令我们极为悲伤却彼此联结的时刻，电话两头的我们都泪流不止。

　　索尔即将从诱发性昏迷中醒过来的时候，杰妮斯清楚表明，接下来的一切都有她，虽然她此时面容憔悴，但她有精力承担起照料索尔的一切。整整两个星期坐在索尔的病房里，等待着索尔诊断的每一个细节，担忧着索尔的安康，并且与我一起计划着怎么告诉索尔乔治·撒朗特去世的消息，这一切使我没有理由不信任杰妮斯。我告诉她我没想照料他或是为他做决定。我默默地认为，一个男人将他三个儿子的监护权都交给他们的母亲，他不会想要求那几个儿子照料他日常的安康。我与索尔谈论过亚利山德拉照料不了他，谈论过杰妮斯与他结婚做出了多大的牺牲，这些交谈都表明，他非常理解在他实事求是地担心他的身体大不如前的年月里需要依赖别人而不是我们。

　　我热切地希望差点离开人世的索尔会变成一个乐于仍然活着且渴望改善我们破裂关系的人。情况并不是这样的。连续几个月都接到索尔精力逐渐恢复的消息，莱莎去了佛蒙特探望他。当时杰妮斯安静地坐在一旁，索尔对他的儿子们怒气冲冲，他告诉莱莎他昏迷的时候，亚当、丹和我流露出了希望我们的父亲去世的愿望，这样我们就可以继承他的财产了。莱莎回敬说，"那太荒谬了。

你的儿子们都来波士顿帮忙了。"索尔更加生气，他说莱莎如果不相信他，大可亲自去验证。莱莎非常震惊，也担心后果严重，便给我打了电话。我知道这个说法是假的，对之我很生气，便勉强地重复了整个事件，这些在索尔处于昏迷中的时候，我从波士顿给她打的电话里都已经告诉过她了。

莱莎和我都猜测索尔会那么说是不是都是杰妮斯告诉他的；当时只有她和他的三个儿子在。杰妮斯在那些天里都在做记录，因为她说索尔醒来的时候希望了解一切。还有，莱莎和我都知道，触及子女的贪婪和弑杀父母的愿望会挑起贝娄家族最强大的力量——长期威胁要剥夺他的子女继承权的亚伯拉罕的幽灵、李尔王的形象以及令人深恶痛绝的卡拉马佐夫父亲。

我从未质疑过杰妮斯对索尔的爱与奉献。然而，我已开始相信，在照料了虚弱的丈夫半年之后，可能还要再照顾或许数年之久，艾伦·布鲁姆的那些完全为了爱而做出牺牲的理念事实证明已不再具有说服力。基于她之后的数月及数年中的一系列行动，这在我看来相当于某种夺权行为，我只能认为杰妮斯已经开始觉得不仅仅要成为索尔最喜爱的人，更要掌握一定程度的控制权，不只是像过去那样支配他的日常生活，还要控制他的经济、法律及文学方面做出的决定。她的那些行为很容易就会离间索尔和他的儿子们之间的关系，但是却对我父亲和我起到了相反的作用。

我不介意进一步隐入幕后让杰妮斯获得想要的权力，实际上我已经隐退了。我所介意的是，在她和我们的父亲那么脆弱的时候，我和我的弟弟们对他们的竭力保护却被她妖魔化了。他指责我们恶毒、贪婪，而杰妮斯友善且配合，我却夺去了她本占据的索尔照料者的位置，这一切激怒了我。

一年半后，索尔基本恢复，我去了波士顿看望他，决定要跟他澄清真相。我说我想跟他说说他生病期间发生的事。索尔打断了我,向我道歉说他不记得他昏迷期间我曾在波士顿。"尽管我很努力地回忆,但我什么也不记得了。关于发生了什么,我所了解的一切都是杰妮斯告诉我的。"我告诉索尔我并没有期待他会记得我,但我还是问了他是否相信我"闲坐在医院里等着他去世,这样我就可以从他那里捞到点钱"。他的第一反应就是"不会,我们绝不会是那种关系"。我父亲提到我经济独立了三十年,这使我们避免了为金钱争吵。为金钱争吵不休一直是贝娄家族里其他几家人存在的问题。

我的问题激起了索尔的好奇心,因为他也听到了一些关于杰妮斯心态的传闻。回答他的问题时,我描述了围绕他俩的同心圆以及杰妮斯如何连续数日废寝忘食地保护他。我继续说,"只有上帝知道她经历了怎样的一段困难时期,但那必定如地狱一般。在那样的危急时刻,每个人都会受到影响,但我学会了永远不要从人们被逼无奈的行为中臆断出什么永久性的含义。"听到令他满意的解释,索尔像他往常的反应一样,一言不发。

十年后,杰妮斯为索尔挑选的一位新传记作家扎克里·里德尔(Zachary Leader)为她在索尔生病期间和其后针对我与莱莎的行为提供了更清楚的线索。里德尔说,一位为他提供传记资料的人告诉他,我和莱莎密谋要宣称杰妮斯精神有问题,从而剥夺她对索尔的控制,并且要将索尔带去辛辛那提,让他离他姐姐简更近一点。里德尔问亚当和丹知不知道这个计划。他们当然对这样一个剥夺杰妮斯的权利并基本上是绑架索尔的本就不存在的计划一无所知。在那之前,我从不愿意与里德尔谈论我父亲,但他的问题让我的弟弟们忧虑,他们坚持要求我与这位传记作家毫不拘束地谈谈这个问题。否认了那些从来没有密谋更不用说讨论过的事件之后，我问里德尔他从哪里听来的这疯狂想法。除了向我保证那绝不是杰妮斯之外，他拒绝说出那个人是谁。我借机提醒里德尔先生警惕那个毫无证据传播这样虚假事件的人的可靠性，还告诉他我和我弟弟们都受到了污蔑，我们对此仍十分敏感。

这样荒谬的传闻揭示的是对索尔家族影响的极度关切。而且，讽刺的是，类似于我和莱莎被指控的那种"绑架"真的出现了。接下来的五年里，杰妮斯逐渐加强了她对我父亲生活每一方面的控制。她替他表达，有时候甚至用她自己的愿望取代我认为本应是他的愿望。很快，索尔有了新的文学代理人、新的代理律师、新的金融顾问。结果，杰妮斯被确定为索尔的遗稿代理人，新的遗嘱被起草，莱莎被撤去了遗稿代理人/委托人的身份，亚当、丹和我原先被告知可继承的遗产至少被削减了一半。我们被排除在外，不得从索尔去世后出版的文学遗产中获得任何经济利益。最终，杰妮斯将成为母亲，而且最重要的是，索尔将被葬在哪里由她说了算。

哈丽特·沃瑟曼做了索尔的文学代理人 25 年都不止，她每天都会出现在索尔的生活中，而她是第一个需要离开的。新的文学代理人非常高兴能向索尔·贝娄献殷勤。怀利代理公司的一个年轻人来到佛蒙特，当时我正好去看望我父亲，这位年轻人长篇大段地引用诗人华兹华斯，这让我父亲很高兴。

哈丽特在她自己的回忆录《帅气》(*Handsome Is*，1997)中比我更好地描述了她作为索尔文学代理人职位的终结。哈丽特代表索尔发布过数以千计令人不快的信息，她知道索尔有多讨厌亲自告诉别人不好的消息。一些闪烁其词的暗示慢慢透露出来，她的权力很快丧失。来自怀利代理公司的人员接管了她那么多的职责，显然索尔已经换了所有代理人，只是未道明罢了。哈丽特有理由相信她对索尔那么多年的忠诚可以确保索尔会亲自告诉她这个坏消息，她固执地要求着一个来自索尔本人的决议。索尔一直拖延着，或许这是因为他并非百分百地想要解雇她。哈丽特一直等着那通不可避免的电话。当电话最终打来时，她问索尔是否想要她自己解雇自己，使他避免面对这最后一次令人不快的境地。这种护卫的更换仍在继续，索尔的律师一直与哈丽特合作密切，他也被沃尔特·波森取代。

经过两年痛苦的康复，杰妮斯照顾着索尔直至他恢复健康。到 1996 年的时候，索尔已恢复了足够的体力得以参加丹和希瑟在迈阿密举行的婚礼。索尔私下里告知了莱莎他所做的遗嘱及金融方面的改变。莱莎非常愤怒，尤其是因为这些改变可能影响他的儿子们，她关起门来跟她的叔叔激烈争论。但莱莎同样忠诚于索尔，她并没有透露给我们什么关于他授权的巨大变化的信息。即便是过世了，我父亲是让他的遗产律师公布的那些坏消息。

我最初了解到这种非常个人的改变是 1997 或是 1998 年我去他们家偶然听到了一段电话留言，那是波士顿布里翰妇女医院生育诊所打来的预约电话。我意识到，杰妮斯，又或许是索尔想要个孩子。告诉了索尔这一信息之后，我表达了我的惊讶，因为在我们曾经的对话中他否认过再要任何孩子的打算。明显有些尴尬的索尔没精打采地说，他已经要求杰妮斯不要与他讨论这个问题。我断定杰妮斯此时想要孕育孩子，而索尔对此没有发言权，只能要求她不要将细节告诉任何人。她想要个孩子，这很容易让人理解，但她已年届四十，丈夫已经八十多岁，为人父母需要承担重大的责任。1999 年那个叫罗茜（Rosie）的孩子到来时，她的出生在家族内外引起了轰动。关于她是怎么被怀上的，索尔提供了多种且彼此矛盾的说法。了解到杰妮斯采取了怎样的措施，我觉得他提供的许多不同说法相当有意思。索尔喜欢看罗茜玩耍、大笑。但我去看望我那日益衰弱的父亲时，那样的讽刺让我感到震惊：一所房子被一个充满生气的小生命和一个快速衰弱、经常卧床不起的老人占据着。

2000年，有两个出版物面世：我父亲的最后一部小说《拉维尔斯坦》和詹姆斯·阿特拉斯的传记《贝娄》(*Bellow*)。写作《拉维尔斯坦》可以证明索尔·贝娄恢复了体力与智力。索尔对艾伦·布鲁姆真实的人物描写受到了普遍好评，但他公开证实了艾伦是同性恋者并认为艾滋病很可能导致了他的死因。在许多政治保守主义者们看来，写作了《美国精神的封闭》的艾伦俨然已成为知识阶层的中流砥柱，公开出版那些私人的细节是背叛行为。很快，索尔便卷入了一场揭示他精神力量衰竭的危机中。他反复告诉我，艾伦请求他忠实地描写他，他也向记者们重申了这一点，直到他意识到他同意安排的采访只是使他所激起的这场争议更加恶化。索尔的记忆力和注意力都开始衰退，他没有能力再回避记者们的问题或以他想要的方式表现他自己。他永久性地中断了所有采访。

认为《拉维尔斯坦》是一种背叛行为忽视了索尔的基本政治态度。虽然他支持过许多保守的社会文化立场，但索尔从来都不是左派或右派的真正信徒。他对任何立场的认同从来都不会发展成对完整信仰体系的忠诚，这一点只要粗略地读一下他的小说就可以发现，阿特拉斯的传记也同样揭示了这一方面。《拉维尔斯坦》出版后不久，我们进行了一次交谈，讨论主张个体自由与试图控制卧室里所发生的事之间存在的矛盾，这让我愉快地想起了很久以前他和我一起思考人类行为的讽刺性与矛盾性的时候。

几年前，詹姆斯·阿特拉斯就接触索尔表示想要成为他的传记作家，我父亲答应配合他。阿特拉斯为德尔莫·施瓦茨(Delmore Schwartz)写过传记，索尔很喜欢那部传记作品。与阿特拉斯交谈过几次后，索尔无疑认为他能控制阿特拉斯怎么写，便准许他接触芝加哥大学雷根斯坦图书馆里的档案。数十年里，我父亲常欠缺预先考虑地将满满数箱文件存放在雷根斯坦图书馆里，这些文件具有相当的揭示性。阿特拉斯非常认真地对待这项任务，当朋友们和亲戚们纷纷开始向索尔抱怨他的传记作家提出的那些尖锐问题时，索尔产生了警惕。情况已经明朗，阿特拉斯先生将要融入许多索尔不打算包括在内的细节，他们为此发生了争吵。彼时，我父亲已经无法撤回他的同意书，他已将所有的控制权转让给了阿特拉斯。索尔能做的就是传记出版后假装兴味索然。

我拒绝与阿特拉斯谈论我的父亲，但我想要保护我已故的母亲，不想有人再对她进行不屑一顾的描写，就像是索尔先前的学生鲁丝·米勒1991年出版的那部文学回忆录中撰写的那样。我给阿特拉斯写了我母亲的生平简介，我很高兴他对安妮塔表现出了尊重。但2000年《贝娄》的出版在家族成员和朋友们中间引起了轰动，他们抱怨他们说的话被断章取义，置于过于消极的情境中。我父亲很生气也感觉受到了伤害，想要责备别人，他将这部传记变成了又一个衡量家族忠诚的手段。阿特拉斯在致谢中夸大他与亚当和丹的友谊，但却根本没有提及我。我成了索尔那里一时的英雄，因为在这部传记的创作过程中，我只是参与概述了他的第一任妻子。

《贝娄》对我的影响是我所没有预期的。当我读着我相当熟悉的一生中的各类事件，我开始认真地重新考虑我在公众面前保持的沉默。阿特拉斯明显地理想化了我父亲作为伟大作家的形象，可能这促使他成了索尔的传记作家。但与批评者们、他曾经的朋友们以及我们家族里极少愿意与他合作的人进行的交谈似乎让他曾经对我父亲的高度评价中充满了愤怒与失望,这愤怒与失望渗透进了他的传记中。我开始考虑,我对"老年索尔"的负面情绪会不会影响我正打算写的回忆录。

我相信索尔并不明白他正丧失他的短时记忆力,但他意识到有什么出了问题,因为他向我堂姐莱莎抱怨过他的 kopf,意第绪语,指的是头。我父亲在他 2000 年写给菲利普·罗斯的一封信中也透露了他对自己精神状态的担忧。他在这封信中很可能提及了他所写的那些关于他早期小说来源的信件中存在许多重复与空白,他感谢罗斯为他遮掩了他所称的衰竭感。

到 2002 年,索尔的精神衰退——类似于沉寂的黑暗大海中那些明晰的岛屿——开始加速。我下定决心是时候再与他好好谈一次了,我怕这或许是我们最后一次交谈了。几十年来,我一直气恼索尔对我成年后的生活仅有过一时的兴趣,我决定以我父亲能理解的方式告诉他我是个怎样的人。当别人问他关于写作问题的时候,我父亲经常会援引司汤达关于怎么描写文学中的人物形象的话,那就是要给他们他们所没有的——也就是说,从基本的零零碎碎中创造出他们。我决定描述我自己的最好方式是采用一种类似的解释,我说,"我从我的家人那里获得我所需要的。"

我从毕比的评价开始说起,她说我为自己创造了一个家,无论我走到哪里,我都忠诚于我所关心的人。我用自己所拥有的万花筒般的童年对之进行了阐释,我用我在家庭中找到的零零碎碎塑造了我的身份。我在结尾处向索尔致敬,他的热情与脆弱对我爱的能力以及对我成为一个好人、一位父亲都至关重要,它们就像胶水固定住了组成我个性的块块碎片。

我说完后,索尔称赞了我,也表扬了我所铸造出的特殊身份。

但他最深触动我的是他提到了我给他打的那些电话，那些时候我因为那些我爱的人——安妮塔、毕比、乔治·撒朗特——去世而感到绝望。他说，"你在那样的状态下给我打电话，我能看到你灵魂中的良善。"谁会对一位老迈的父亲要求更多？如果那些是他留给我的最后遗言，那么我们就不会经历我们之间最痛苦的事。

我女儿朱丽叶和查理·舒尔曼宣布在纽约订婚并确定结婚日期的时候，索尔发自内心地高兴。他一再地提及那个日期，就好像是努力确保它固定在了他的脑海中。我将他所坚持说的"竭尽全力去那儿"当成是他想要出席婚礼。一切安排都按部就班地进行着，直到索尔在朱丽叶的婚礼前几周给她打了电话。他没有做出任何解释，只是说："你得原谅我，我不能去参加你的婚礼了。"朱丽叶和我心碎地进行了一次交谈，说到索尔怎么可以做出承诺却又不遵守承诺，给我们带来如此的痛苦。朱丽叶第一次明白了为什么我会在我父亲与我之间竖起自我保护的屏障，这些屏障是她经常注意到也向我指出过的。

索尔并没有给我打电话，还是亚当提醒他，如果不直接跟我讲这件事，问题会变得更糟。索尔打了一通电话，只是宣布他不能参加婚礼，但还是没做出任何解释。我告诉索尔他正伤害我和我的孩子，无论他是作为父亲还是祖父，这都是令人无法原谅的行为。他为自己辩白的时候，我说"你那该死的灵魂"，这大概是我对他说的最糟糕的话了，我知道他一直关注灵魂的长期命运。

几天后，索尔又给我打电话，将责任归咎于他的医生，因为医生不允许他出行。但在他迟来的医学理由中，我辨认出了一种令我熟悉的行事模式，那就是他做了什么伤人的事情后总会躲在别人背后。亚当尽力想要为我们调解，但那时索尔已经生气了，拒绝再讨论这件事。我的两个弟弟都愿意去波士顿帮忙接索尔、杰妮斯和罗茜来纽约。亚当甚至给索尔的助理威尔打了电话，询问是否有什么他可以干预的建设性的方法。威尔说没有，这证实了我的感觉，那就是索尔决不妥协，不愿意改变主意。

索尔的缺席使原本对于朱丽叶来说喜庆的一天蒙上了阴影。甚至一整天索尔都未给新娘新郎打过一通电话祝福他们，我便知道索尔因为三个儿子都挑战了他的权威而生气了。三个星期后，索尔在丹的帮助下去了辛辛那提看望他的姐姐简，圣诞节的时候他与杰妮斯和罗茜去了多伦多。显然他可以出行。我断定他不愿意出席婚礼，是因为周围都是那么了解他的人，他没办法掩饰他记忆力衰退的事实，也不想在公开场合尴尬。不幸的是，他开始问起他的哥哥们，结果只是再次听到他们去世的消息而悲痛。索尔有好几次决定给他的老朋友萨姆·弗雷菲尔德打电话，萨姆的前妻不得不一次次地重复萨姆已经故去的消息。我父亲会再次悲伤，抱怨没有人通知他他的老朋友去世了，实际上别人当然通知过他。

不过，关于他为什么不能出席婚礼，索尔没有和我，也没有和朱丽叶说实话，虽然很有可能是他无法面对自己身体衰弱。婚礼后，我有一年半没有与索尔说话。我不想见他，不想与他交谈或是听到他的任何消息。我是那么愤怒，在他去了辛辛那提之后我产生了高度怀疑，我有时候怀疑他不来参加我女儿的婚礼是他出气报复的方式，因为我以前没有参加为他举行的各种庆祝活动。几个月后，索尔问亚当他怎么都没有收到过我的消息。我弟弟告诉他，那是因为他没有出席朱丽叶的婚礼。索尔开始重复他的身体理由，但亚当说他只是回答索尔的问题，不想与他讨论他的原因。

与我父亲断绝联系的 2003 年里，我曾给他写过两封信，但这两封信他都没有回。我在这两封信中表达了我深深的愤怒与绝望之情,但它们也表明我意识到了我们之间数十年来长期存在的糟糕关系。

2003 年 1 月

亲爱的爸:

不管是什么原因让您无法来参加朱丽叶的婚礼,您没法放下您自身的需求,这扯断了让这个家庭团结在一起的那根易断的线。

这伤害了我的家庭情感,并因此表现为我对您的身体健康不再关心,不在乎要缓解年老给您带来的负担。我觉得我没有跟您联系的欲望——不管是去看望您、与您说话,还是听家人报告您的情况。

我无法改变那种感觉,也不能消除它造成的伤害。如果您希望我们之间的关系有所缓和改变,必须是您先主动。

如果我没有收到您的回信,我指的是您——不是您找的代理人——那我会认为要么是您没有收到这封信,要么是您无法改变这一状况,要么就是您不希望未来我们仍维持关系。

无论如何,我会一直是您的儿子——即便我不出现在您面前。

格

2003 年 5 月

亲爱的爸:

我觉我应该给您写封信,因为我不想重复我们最后一次电话谈论的内容【那一次是他说他不能参加婚礼的时候的电话交谈】。不幸的是,这将我置于一再地界定我们关系的境地。当您与我对待政治、金钱、教育哲学、家庭义务都持有不一致的看法时，也没有什么剩下可供我们讨论的了。

这不是我的选择，也不是我的意愿。不过，随着我和您的年龄都在增长，变化已经出现了。您对您自己与他人之间的差异已不再那么容忍。而我也已经树立自信，相信我自己的想法正确。

我相信我们俩谁都不愿意改变，因为我们俩都不会真的希望抛弃我们认为正确的立场。我觉得如果我们抛弃了我们的立场，那绝非明智之举。如果我们之间就我们彼此的观点进行一次真正坦诚的讨论，我认为我们的关系经受不住那样的讨论。我多希望不是这样，但在我心里，我相信就是这样。

坦白说，我并没有发现多少积极的选择。但建立在虚假自白基础上的关系会比我们现在的关系更加糟糕。所以我们就是现在这样了。我还是个孩子的时候，您是我爸，我爱您。这永远都不会改变。作为成年人，我不会放弃我自己，您也不应该要求我那么做。我从来都无意伤害您，但如果我需要在价值取向与伤害某个人之间做一选择，即便要伤害的那个人是您，我也会选择我的价值取向。这就是我父母将我培养成的人，我就是这样的人。

格

索尔或许想要改善关系，但他无法让他自己向我或是向他的孙女道歉。相反，他又回归到了他常用的方式：找个传话人。虽然我五十年里从没有与门罗·恩格尔——他是维京出版社里原先索尔的责编——联络过，但我竟还收到了他的一封电邮。他在信中彬彬有礼地劝我去看看我那身体欠佳的父亲。因为他对于我在这件事上的说辞毫无兴趣，我便当他是索尔差遣的又一位传话人。

大约一年半后，我妻子乔安的姐姐在波士顿举办了一场盛大聚会。我给威尔打电话说要去看望索尔。虽然我不喜欢跟索尔在电话中交谈，尤其是我俩之间还有未解决的问题，但好心的威尔坚持让他来听电话。我告诉我父亲我过几周要去波士顿，我想跟他本人谈谈。

索尔患上了中风卧床不起，大家都觉得他挺不过去了。我到的时候，杰妮斯和罗茜都出去了。一位陪护领我进了他的房间，他在那里一直处于时醒时睡的似睡状态。索尔认出了我，说话虽轻但条理清晰。家里的猫也躺在床上打盹，这促使我说我父亲当前的状态就是像猫的生活。他说，"确实如此。"当他风趣地说这"让他想挠一下"，此时闪耀出的是他的生机。

如我们往常一样，我需要消除误解，尤其倘若这将是我们的最后一次交谈。带着巨大的惶恐，我告诉他他没有参加朱丽叶的婚礼，这深深地伤害了我。他回答说："我不是有意要伤害你的，但是我的病让我不能出行。""但你的确伤害了我和我的孩子！"我高声叫了起来。就在那时，他的陪护进来了，表面上是来给他做一下检查，尽管她紧接着就坚持说索尔病得很重，他不能经受任何情感波动。就剩我们俩时，我问他还有没有什么想说的。他说没有了。结束的时候，我说，"我们之间一直都很坦诚，我找不到任何理由现在要做出任何改变。"他点头表示同意。我离开去用午餐的时候，陪护正在给外出回来的杰妮斯汇报情况。我推断，陪护得到指示躲在门口偷听，一旦我提出我们之间的那些问题，她就进来打断我们。

一小时后回到他的卧室，我开始关心另一件事，或许索尔活不长了。我竭力寻找一种道别的方式，避免使用死亡一词。我站在他的病榻边上的时候,索尔将手放在了我的心脏位置。我告诉他我如以往一般爱着他,我亲吻了他,然后走出了他的房间。小声地说着"再见了,爸",我祝愿他能平静地离去。

索尔说他希望我平安,这有助于治愈我受到的伤害。五十年来,我一直避免因为索尔让人失望而造成的伤害:还是个孩子的时候,因为他的爱;成年了,因为我们之间所处的距离和情感上不同程度的隔绝。这次我出于对朱丽叶的爱而放下了戒备,我为此付出了代价。回想起来,我意识到我成功地避开了他彻底的冷漠。我所经历的失望,其实是一下子经历了其他每个人已经忍受多年的自私。

虽然好几年前索尔的记忆力就已经开始衰退,但他仍坚持在波士顿大学讲授一门关于约瑟夫·康拉德的课程。不过,因为他的记忆问题相当严重,所以校方还邀请了詹姆斯·伍德(James Wood)一同开设这门课。威尔也去听了这门课,他告诉我,我父亲仍能够对小说做出许多非常了不起的评论,但他已经无法跟上讨论的主线了。我最后几次去波士顿看他的时候,他让我想起了毕比。索尔和毕比都会围着他们既熟悉又陌生的家漫无目标地行走。我一直都不知道索尔的记忆力已经非常糟糕,直到有一次晚宴,他忘了我邀请了一位客人,就在前一天,我已经跟他和杰妮斯说清楚了。晚宴上那个年轻人来到的时候,索尔隔着炉火扫视着我,因为我邀请了一个陌生人进了他们的房子。杰妮斯摇了一下头后,索尔收敛了,但这意味着他忘记什么的时候都会依赖杰妮斯。

杰妮斯对索尔文学事务的控制程度,在我提及我越来越希望接触到雷根斯坦图书馆里索尔的档案之后,变得特别明显。"真的吗？"索尔很高兴地对我说，"你开始对你的过去感兴趣了。"我要接触到那些档案，必须要有他的签名，威尔便着手做一些必要的安排。拖延了一段过长的时间之后，威尔打电话告诉我，我要接触档案的申请被拒绝了。像是在说一种外交辞令，他补充说这些问题现在不由他管，而是由怀利代理公司负责。虽然我向索尔新的文学代理人清楚地表明索尔同意了我的请求，我还是遭到了生硬的拒绝。拒绝我的那个年轻人就是曾在佛蒙特美妙悦耳地背诵浪漫派诗歌的那个人。此时我意识到，我父亲甚至都没有权力让我接触到他自己的档案了。

决定索尔的最终安葬地给了我们最后一击。20 世纪 80 年代后期，我姑妈简和索尔成了曾在拉辛生活过的贝娄家族那一代中仅剩的两人。虽然莫里葬在了佐治亚州，萨姆葬在了以色列，索尔深深地相信他在去世后会再见到他的家人。十年来，这个信念以相当具体的形式存在着，他执着地要葬在他父母身边。但简的丈夫查理和他们的儿子拉里与博比占据了我祖父母旁边的一块地，还剩下的一小块地是为简留下的。索尔非常生气，因为他的姐姐又一次获得了优先权，但解决的办法还是有的。

毗邻的一块墓地正在出售，这块墓地足以容纳索尔、莱莎和她的丈夫。莱莎做了初步的安排，但她还需要得到她叔叔的许可。葬在他父母边上将强化索尔与他的家庭之间永久性的情感联系。但当莱莎竭力要求索尔做决定时，她遭遇了阻挡和拖延。最后是杰妮斯告诉莱莎说他们俩将一起葬在佛蒙特。当时我父亲也在，却未发一言。仅用一句话，杰妮斯便最终消除了索尔的家人在他的余生甚至死亡方面任何插手干预的可能性。

在他生前的最后一年里，索尔已经非常虚弱，几乎没下过床。每次我在电话里询问他的健康状况，他都回答"挺好的"，这让我意识到我父亲已病入膏肓，不知道自己到底有多虚弱了。我根据威尔在电话里报告的情况监测索尔的健康状况。最终，情况变得那么严重，我乘坐红眼航班在清晨六点从旧金山到了波士顿。冬日早晨的温度只有两度。我在机场小睡了一会儿，一直等到温度升到四度。我向索尔报告说他得有百分之百的好转才能让我离开舒适的航空站，他听后轻笑出声。

显然，索尔上一次大着胆子下楼已经是很久以前的事了，但那一天他振作着在一楼与我相见。杰妮斯一整天都在房子里进进出出，她很高兴看到索尔穿戴整齐在椅子上坐直。善良的玛利亚当时负责索尔的身体护理，她告诉我说索尔称我是他的"小家伙"，他会经常说起我。我父亲的精神状态实际上已经进一步恶化，沉寂的大海范围已经扩大，那些明晰的岛屿面积越来越小。他经常说着说着便不知在说什么，但是如果我有意与他快速地讲讲我的家庭，他似乎能听懂，甚至还问我是不是要退休了。

几十年前，我的头发就已经与索尔的头发一样白了，那次去看他，我故意留了长长的胡须，那些胡须也全白。天色渐晚，我也快要离开了，索尔说他很高兴看到"小家伙"。索尔刻意模仿了阿尔·乔森（Al Jolson）的语调，他让我想起我还是个小孩子坐在他腿上的时光，他让我相信我的肚子是一把大提琴，他边来来回回地拉动他的臂膀，边唱道："爬上我的膝盖，小家伙。"

"是的，爸，"我回道，"即便被这些白雪（贝娄家的人对我的白发、白须的称法）覆盖，我将一直是您的小家伙。"几乎已经被埋葬了数十年的"青年索尔"和他的小赫谢尔在我们最后相聚的时刻再度出现了。我离开的时候，杰妮斯准备了一顿丰盛的安息日大餐，庆祝索尔在周五晚上下楼来。我相信这是他最后一次依靠自己的力量下楼了。

接下来的几个星期里,索尔和我打过好几通简短的电话。我记得我对着电话大喊,"亲爱的,我爱您。"那是我对我父亲说的最后一件事。

第十一章

拓展索尔应享的权利

 威尔提醒我,索尔的情况越来越糟。他的呼吸非常困难,想要与他在电话里交谈是徒劳。他去世的那一天,我如坐针毡,预感着会有电话从波士顿打来,但那通电话从未打来过。我父亲的律师沃尔特·波森给媒体打了电话,索尔·贝娄去世的消息几乎即刻流传开来。朱丽叶从媒体那里获知了她祖父的死讯。我亲爱的女儿竭力不想让我经受她已经遭受的冷漠,疯狂地打电话到我可能在的地方找我,但都没找到。我打开车载收音机听到这个消息之后,惊愕地呆坐在了车里。

 沃尔特明显的漠不关心已令我心生恼火。索尔去世几天后,我弟弟丹讽刺地说,即便是发生了一场可怕的交通事故之后,州警察给予事故家人的体面也比沃尔特给索尔的儿子们的多。沃尔特刻意发表声明说,索尔的精神状态"自始至终都很敏锐",这与我所观察到的我父亲衰退的精神状态完全不符。鉴于沃尔特对事件的公开说法如此不同于那不断扩张的沉寂的大海上日益萎缩的清明之岛的事实,加上索尔频繁的短暂失忆与记忆混乱,我最终认定沃尔特无端地断言索尔精神清明是一种先发制人的举动,目的是要将那位著名的作家索尔·贝娄捧为神,代价是作为我父亲的那个人。

犹太传统规定下葬要在安息日之前，我和乔安便连夜从西海岸飞到了东海岸。我们在布拉特尔伯勒犹太公墓举行的正统犹太教仪式极为简单，这使得索尔的死亡如此真切。带有黑色缎带的别针固定在了哀悼者们身上，它们被粗暴地扯破以代表我们的失落和悲伤。索尔的薄木棺材是那么轻，我得提醒自己我们抬着的我的父亲似乎一直是位非凡的人物。到达墓地的时候，棺材上的那块带有大卫白星（white Star of David）的黑布被移去，索尔被慢慢放入墓穴。长方形的墓穴旁边放着一堆沙子，一把铲子背面朝上放着，这代表它将被用于承担那项不寻常的任务。杰妮斯仔细地用铲子背面弄了点沙子，将之洒向棺材，沙子撞击棺木发出了一声闷哑之声。下一个轮到我。我用手捧起一把沙子，亲吻它，说道："安息吧，爸。"然后将沙子撒进墓穴。亚当和丹接在我后面用铲子铲起沙子，之后是其他的哀悼者轮流按要求完成任务，将坟墓填平至地面高度。

当轮到我们的堂兄沙尔的时候，我脱口而出，"帮祖父添上一铲子。"他照做了。沙尔还帮其他几个人代了几铲子：一铲子代简，一铲子代他父亲萨姆，两铲子代莫里，我们都赞同代莫里的要多放上一铲子，因为他在任何事情上都要占据双份。又一次轮到我的时候，我为我嫡亲的堂、表兄弟都代了一铲子，我的表兄拉里和博比、堂兄林恩，他们都已经去世了。坟墓被填满之后，拉比在棺木上方标出了一个六英尺的长方形。杰妮斯在坟墓上放置了一个临时的金属标志，深情地抚平了坟墓周围的沙子。拉比领着大家聚在一处为死者颂犹太祷文。索尔的家人走在两排哀悼者中间离开。

家庭成员和朋友们大约有一百位聚在附近的一栋楼里，用了点餐也喝了点酒，还听了两段简短的发言：一是鲁斯·维斯的发言，她谈了索尔的犹太性，另一个是马丁·艾米斯的发言，谈论了索尔的文学遗产。结束之际，拉比向杰妮斯和索尔之间独特的爱情致敬，那更强化了我的看法：杰妮斯将他们之间的关系浪漫化了。

我的家庭和莱莎的家庭一起聚在了丹和希瑟的家里，晚饭期间，我们一起分享了家族的故事。几天后，我和乔安乘火车前往纽约市，途中经过蒂沃利的那座老房子。我们去了新改造的现代艺术博物馆，看着那些图片就像是去拜访老友，这些老友是我与索尔共同的朋友，我们曾在索尔对我的监护人探望期间去拜访过他们很多次。穿越在艺术长廊里，我发现我正在哼唱一段莫扎特《费加罗婚礼》中的唱段，这首曲子是索尔创作《奥吉·马奇》期间，我们家里每天早上都会播放的。

回到加州，我觉得我对索尔的离去已经不再那么悲伤了。亚利山德拉评价说，他已经将生命发挥得淋漓尽致了，这很好地概括了我的感受。我所经受的悲伤因为家人的爱和无数朋友的美好祝愿而被抚慰。

索尔的文学代理人精心策划了三场纪念活动以突出索尔·贝娄，那位著名的作家。这些纪念活动重塑了我对于我父亲和他的遗产的看法。纽约和波士顿的两场纪念活动没有邀请索尔·贝娄的任何家人，也并不关注作为父亲的索尔·贝娄或是索尔·贝娄其人。我们被认为与纪念我们父亲的庆祝活动无关，这激怒了索尔的所有儿子。我热切地希望在芝加哥大学为他举行的纪念活动上发言。芝加哥大学深深地影响了他，也塑造了我母亲、我、我的妻子还有数十位家庭成员和朋友们的学术道路。

我向杰妮斯提出的请求被转交给了怀利代理公司决定。不管怎么样,他们挤出了五分钟给我。我在戴利市长之后发言。他讲了一段有关索尔的逗笑趣事。当时索尔在一场竞选集会上演讲,直到市长不得不提醒我父亲,不是索尔而是他才是候选人。我小心翼翼地选择我的用词,表达了我们全家受惠于芝加哥大学的感激之情并强调索尔代表了芝加哥大学盛行的质疑精神。

在我之后发言的是杰弗里·尤金尼德斯(Jeffrey Eugenides),他不安地悼念着一个他从未见过的人。这尤其让我感觉到,索尔新的文学代理人将本应是一个悲伤的时刻——对于那些熟悉并热爱索尔,视他为普通人的人们来说——变成了一次市场营销的机会。我和我父亲同样担忧,或许那些也是杰妮斯所担忧的,那便是在我父亲最后的几十年里,索尔这颗文学之星已逐渐暗淡。我父亲缺乏政治正确性,严厉批评非裔美国作家与女性作家,这些都使他不受评论者、读者或是学术界的欢迎。索尔的作品很少被用于课堂,反而是细致入微地思考种族与性别的小说在大学校园里广为流传,这让他极为痛苦。

将纪念活动变成各种充满文学之光的宣传活动,出席的人甚至都不知道我父亲是谁,这让我想起安德鲁·怀利(Andrew Wylie)曾扬言(收录于哈丽特·沃瑟曼的回忆录中)要将顾客“从摇钱树变成牛市股(from a cash cow into a cash bull)”。我记得我在想,即便在死后都被大肆宣传的索尔·贝娄这会儿明显落入了庸夫俗子的支配之中,这些庸夫俗子强调的是金钱而非文化,而这些人是索尔数十年来都在抱怨的对象。

我与杰妮斯之间的个人通信在索尔去世前便没那么频繁了。其时,我所收到的信件都来自于沃尔特·波森律师行资历尚浅的律师们,他们都非常正式地分配索尔遗嘱中留给他的子孙们的资金。杰妮斯在塑造我父亲的文学形象方面进行着逐步的控制，其程度表现得越来越明晰。一段合适的时间之后，杰妮斯请了扎克里·里德尔为索尔写一部新的传记，聘请本杰明·泰勒搜集整理并出版了索尔的信件，这些信件显示了索尔非凡的自我表达方式，很有可能会促进新的读者群出现。索尔的档案被置于一个委员会的控制之下，该委员会由杰妮斯、沃尔特·波森、马丁·艾米斯以及菲利普·罗斯领导。起初，无法接触到索尔展现他文学一面的未出版的部分档案，这让我感到失望；之后，我感到愤怒并决定再也不问了。

安妮塔和巴兹尔的房子里到处都是艺术作品、陶瓷以及各种图书，这些都是他们几十年里收集的，而现在这些物件落户在了我们家和巴兹尔的孩子们家里。在他长达七十年的吉卜赛式生活中，索尔一直是轻松旅行的姿态。他没有提及任何可以让他的儿子们想起他的个人物品。我最后一次去看望他的时候，偷了一顶他非常喜爱的软呢帽。后来，在我的要求下，杰妮斯给我送来了一台索尔喜欢播放的录音机，给莱莎和我各送了一根索尔的手杖，给了安德鲁几个领结，给了朱丽叶几顶棒球帽，还有一些其他物品，我分给了我的两个弟弟和他们的孩子们。

索尔确实遗赠了几件物品。我弟弟们去佛蒙特提取索尔留给丹的一张桌子的时候，杰妮斯再次吹捧了她对我们父亲独特的爱。杰妮斯显然准备好了说辞，她坚持一遍又一遍地说她与索尔之间毫无问题，但她说话的声调那么刺耳，她向我困惑不解的弟弟们表明，照顾索尔十年实际上让她付出了巨大代价。

索尔刚刚去世后的喧哗过后，幸运地出现了一段平静期，在这段时间内，我决定重读我父亲出版的所有作品。渐渐地，最初只是因为父亲去世、感觉被夺去一切而做出的反应，此时变成了了解我父亲作为公众形象的一次机会，甚至这次机会让我重新思考我一生为保护他所做的事以及我的沉默。为了更好地弄明白我为什么那么强烈地保护索尔，我不得不将我在读了《遗产》后想问菲利普·罗斯的那个关于家庭忠诚——难道菲利普不觉得丢脸吗？——的问题，转问我自己。

索尔的一生充满了误解与矛盾。多年来，我注意到虽然我父亲予以否认，但那些文学评论还是刺痛了他，导致他与家人、先前的朋友、评论家、批评者争论不休。除了极少数的情况，索尔都认为这些争论是因为其他人不明白他这个艺术家，而不是因为他自己敏感。争执不论大小都会让他生气。几十年来，我自愿地保护着作为作家的索尔，但我实际上是在保护那个私底下的人，我知道他很容易受伤。我告诉他也告诉我自己，我是在保护我们之间的私人关系，其实我是接受了我父亲关于跨越工作与艺术之间界限的禁忌。我父亲早就设立了这一界限，之后从写作《晃来晃去的人》的第一页到《拉维尔斯坦》的最后一页都一直在越界。

我一直坚持保护作为作家的索尔·贝娄，一直到我父亲去世两年后，我与詹娜·马拉默德（Janna Malamud）有了一次深入交谈，之后我才在这方面做出改变。詹娜早期的生活与我的相似。她曾在一个致力于写作的家庭长大，她父亲伯纳德·马拉默德（Bernard Malamud）宣扬与索尔相似的艺术价值观。詹娜写了两部关于她父亲的书，第一部保护了他父亲作为艺术家的隐私，而第二部创作于许多年后，是一部透露真情的文学回忆录，讲述了有一位作家父亲的女儿如何成长。

读了詹娜的两本回忆录后，我与她取得了联系，问她为什么改变了想法。她坦白她保护着她自己的同时也是在保护她的父亲。

这让我意识到我面对公众的沉默态度已经延展至保护索尔写作的创造力之外的领域了。我所拒绝跨越的公众/私人间的界限融合了索尔的两种观点：一是他关于保护艺术的观点，另一个则是他关于保护创作艺术的那个艺术家的看法。但詹娜的父亲与我的父亲都将艺术创造——实际应该关起门来进行——的不确定状态与保护他们——仅仅因为他们是艺术家——的绝对需要混为一谈了，就是这样。詹娜承认自己盲目地接受了这种混为一谈，我意识到我也接受了。

大约一年后，安德鲁的婚礼让我有机会与亚当和丹交流了一下思想。我们都很愤怒，因为我们被回避、被禁止接触索尔的档案；我们也都很后悔，因为我们一直保持沉默而为此付出了代价。两个弟弟都希望真正成为索尔的儿子。结果，我无法接触到索尔的档案却因祸得福了。我对我与詹娜的交谈仍记忆犹新，我在对索尔作为父亲、作为一个人的记忆中，在他的小说与散文里有关他自己的痕迹中，发现了更真实的遗产。在这部回忆录中，将索尔·贝娄复杂的三个方面人性化，是我对我父亲应享有的权利的贡献。

第十二章
回眸与展望

　　"作家",这简短的一个词是索尔·贝娄墓碑上的描述符,是一段人生的遗证,这段人生里的每一件事、每一个人都从属于艺术。重读了他的所有充满深思的小说后,这一次作为回忆录作者,我发现了一个不同的人,他竭力想要弄明白他与其他人、与他自己和睦共处的无力感。索尔只是从来都不会融洽相处,他生活中的每个困境都证明了他只是没有能力与人相处。去世前不久与他的老友吉恩·古德哈特(Gene Goodheart)说起他的性格的时候,索尔仍然为他的疑虑所困扰,他大声地问:"我是个男人还是个混蛋?"

　　我父亲晦涩难懂,他做出的那些理性解释,他不愿意进行内省,他在他的艺术与生活之间设定严格的精神界限,这些只是一定程度上保护了我容易受伤的父亲。写一部回忆录使我得以发现,索尔在书房里无干扰的情况下只允许他自己跨越那道界限,这使他可以探究他的各类情感,将这些情感投注于他的叙述者身上,并在小说中注入能深深触动他的读者的力量。如果不是借助了这些情感——它们与他最为在意的他自己的生活密不可分,那么索尔·贝娄无法创作出那般的作品与人物。

　　我最终也不知道索尔到底有多了解他自己。但他经常强烈地申明自己遭到了误解，断言无法理解内心世界，这从根本上说明了问题。过去到现在我都清楚地感觉到，他相信真正的行动发生在人类的内心。我确信，数十年里，在我们之间的"真正交流"中，他培养我要内省，这是在向他的儿子传授这条至关重要的信息。

不过，回顾他一生中如何使用内心生活一词，即便是"青年索尔"也没有确定他的内心生活的内容是什么。他的"内心生活"与人类想象一样是无限的但却是私人的。我父亲关于他的情感所直接说出的那点内容，需要通过观察他怎么做的，思考他创作了什么进行补充才能了解。当"老年索尔"为他的"内心生活"增加了更富精神性的内涵——这样的精神内涵包含了会在人体消亡后仍继续存在的灵魂，他的"内心生活"甚至让索尔更难了解，在他看来，那也是人类无法了解的。在他的散文中、书里、私下里，他都抱怨现代人丧失了他们的内在道德准则以及这种准则提供的指引。但对于索尔来说，疏离于"内在生活"意味着此世存在着危险，这种危险对于思考如何进入来世的他来说甚至更严重。

我开始相信，索尔担心因为他竖立了那么多自我保护的藩篱，他已经伤害，甚至使他的心甚或灵魂麻木了。如果他宝贵的容器，那个可以渡他前往来世的灵魂，因为那样的鸿沟——鸿沟的一边是他理性的一面另一边是他的内心生活——太大而无法跨域，从而使他无法企及该怎么办？索尔晚年生活中对无法企及人类最深层的情感不断抱怨，这体现了一种认识，即他也遭受着如此状况的折磨，他那么准确无误地对社会中出现的这种状况进行了诊断，但他却无法改变，同样也无法改变他自己身上的这种状况。更糟糕的是，这种状况造成的危害或许是自我施加的。

索尔的灵魂或许会也或许不会永存下去，不过，从公众对他新近出版的信件的反应来看，他的人和他的作品在贝娄家族之外都依然存活着。评论者们再次读到他傲慢的文字,似乎已经不愿意询问那非常明显的决定性问题,即索尔提出的关于他自己性格的问题:同一个人,他怎么可以在一封文学信函中给人那么多的启发,而在一封私人信件中却表现得那么易怒、暴躁又会自我辩白?

答案在于索尔·贝娄就是那样不明确的人。这种不明确/含混不清促使他的许多作品都带有隐含的言外之意。毕竟,他是一个为了一个单一创作目的而活的人,一个在内心深处与他的各种深层情感做斗争的人,一位富有文学天赋的作家,一位变得相当有名的作家,一位可传递智慧的权威,一位最近刚刚去世的父亲,一位很多时候缺席但情感上时时在场的父亲,一个男人、一位父亲、一个丈夫,他所承诺的永远多于他能给予的。而我是他的小家伙:一个感觉被深深关爱的孩子,一个被他所接收到的爱深深影响着长大成人的儿子,一个需全力对付各种挑战的男人,这些挑战源于他有一个难缠的父亲,他脱离了我们曾经都认同的家庭理想。

我父亲的公众面,为作为著名作家的索尔·贝娄的形象,注入了继续存在的普遍力量,同样的力量也赋予了他所创作的主人公、各种象征符号以及各类文学人物。但突出他文学名人的身份忽视了他这个人,也遮蔽了索尔必不可少的温柔面。我在他最后出版的信件中发现了那样温柔的索尔,在这些信件中,一位神情恍惚的老人回到了他心目中的乐园拉辛。他想起了站在他母亲身旁,充满渴望地看着商店橱窗里的一双黑漆皮鞋——索尔称之为"精美物"。莱莎设法买下了它们,索尔很感激母亲使用了家里紧张的资产,他便用黄油擦鞋以示敬意。母亲的宠爱本就已经是个动人的故事,当这个故事被用来与萨姆的故事进行比较后,这样的故事又有了新的意义。萨姆请求他的父亲给他买一套西装以庆祝他的犹太成人礼,结果却挨了一顿打。

父母亲，无论温柔还是严厉，都会故去。主人公们和各种象征符号却不会消失。当读者持续给他笔下的人物和这些人物的创作者赋予个体意义的时候，他们使索尔·贝娄获得了某种不朽——虽然这种不朽与他努力和期待获得的灵魂形式的不朽存在着巨大差异。但无论如何，我相信这种形式的不朽会令他非常开心。

虽然英雄的地位遮蔽了他这个人的许多重要方面，但我接受与我父亲的文学爱好者们分享他，因为我从未有过真正的选择。我父亲尊重象征符号蕴含着深层含义，我与他持有完全相同的态度，因而我必须大方地认同他作为文学英雄的地位。这样的地位仍将会影响公众如何看待索尔·贝娄，那位著名的作家。

写一部回忆录使索尔成了他长子眼中更加微妙的人：父亲、相当有名的作家、文学英雄主义的象征。写一部回忆录并不是如我所期待的那般，离"青年索尔"更近。承袭了他每日写作的习惯，我发现我与我曾觉得陌生、令人生畏的那个父亲之间有了新的、令人愉快的联系，这如今让我更亲近我曾拒绝接受的"老年索尔"。毫无疑问，我的回忆录出版后，随之而来的是他与我的隐私暴露，这会带来更多——我希望是积极的——惊喜。

附录：

小说及其叙述者

所有索尔·贝娄小说的简介讨论都可以在《索尔·贝娄期刊》在线找到，网址：WWW.SAULBELLOW.ORG

出版物	叙述者
Dangling Man（1944）	Joseph
《晃来晃去的人》(1944)	约瑟夫
The Victim（1947）	Asa Leventhal
《受害者》(1947)	阿萨·莱文撒尔
The Adventures of Augie March（1953）	Augie March
《奥吉·马奇历险记》(1953)	奥吉·马奇
Seize the Day（1956）	Tommy Wilhelm
《只争朝夕》(1956)	汤米·威尔赫姆
Henderson the Rain King（1959）	Eugene Henderson
《雨王亨德森》(1959)	尤金·亨德森
Herzog（1964）	Moses Herzog
《赫索格》	摩西·赫索格

The Last Analysis：*A Play*（1965）

《最后的分析：戏剧》（1965）

Mr. Sammler's Planet（1969）　　　　　Arthur Sammler

《赛姆勒先生的星球》（1969）　　　　　阿特·赛姆勒

Humboldt's Gift（1975）　　　　　　　Charlie Citrine

《洪堡的礼物》（1975）　　　　　　　　查理·西特林

The Dean's December（1982）　　　　　Albert Corde

《院长的十二月》（1982）　　　　　　　阿尔伯特·科尔德

Him with His Foot in His Mouth（1984）

《口无遮拦的人》（短篇小说集，1984）

More Die of Heartbreak（1987）　　　　Kenneth Trachtenberg

《更多的人死于心碎》（1987）　　　　　肯尼斯·特拉亨伯格

A Theft（1989）　　　　　　　　　　　Ithiel Regler

《偷窃》（1989）　　　　　　　　　　　以西尔·瑞格勒

It All Adds Up：*Essays*（1994）

《集腋成裘集》（散文集，1994）

The Actual（1997）　　　　　　　　　Harry Trellman

《真情》（1997）　　　　　　　　　　　哈里·特雷尔曼

Ravelstein（2000）　　　　　　　　　Chick

《拉维尔斯坦》（2000）　　　　　　　　齐克

Collected Stories（2001）

《短篇小说集》

致　谢

很久以来，我都在努力想要以书写的方式捕捉微妙的个人意义，让它触动那些我和我父亲都不认识的读者。

写作的过程中，有三位熟知我和我父亲的人对我而言极为重要。我颤颤巍巍写出的初稿不敢给其他人看，但我的妻子却在每一页的字里行间读出了爱，我欠她的无法衡量。米茨·麦克洛斯基与吉恩·古德哈特是索尔的老友，也是我的老友，他们慷慨地答应做我第一批的外审。米茨对这本书的称赞令我鼓起了勇气，我知道这是索尔会讨厌的书；吉恩告诉我，我可以也应该写得更好，他明智的评价同样鼓舞了我。

虽然听到批评之声会让人觉得难以接受，但几乎每一次的批评都会让我去改进那些不足之处。指出这些不足之处的人包括罗伯特·科恩菲尔德（Robert Cornfield）、拉姆斯·布雷斯林（Ramsay Breslin）、埃莉斯·米勒（Elise Miller）、伊丽莎白·斯坦（Elizabeth Stein），以及旧金山湾区心理传记学研究小组（San Francisco Bay Area Psychobiography Study Group）的成员们。他们在我的一稿又一稿中实事求是地寻找到问题并鼓励我前行。

在我孤独撰写的那几年即将结束的时候，英克维尔文学代理经营机构（Inkwell Management）——这家机构得到了威廉·卡拉汉（William Callahan）的鼎力相助——的金伯利·威瑟斯庞（Kimberly

Witherspoon)在其中发现了一本雅致的小书，布鲁姆斯伯里出版公司(Bloomsbury)的南希·米勒(Nancy Miller)则发现了一部回忆录。在南希还有莉·贝雷斯福德(Lea Beresford)的帮助下，我很高兴终于完成了它。

　　我要感谢许多人的等待，他们抑制住了他们的好奇之心，一直都保持耐心，直到这位非常挑剔的作家满意了为止。他们是我的女儿朱丽叶、儿子安德鲁，我的弟弟亚当和丹，我的继母萨莎和亚利山德拉，我的堂姐莱莎，米莉娅姆·塔尔科夫，还有那些在过去的五年里我与之交流的朋友和亲属。我用了五年写作一本书，我希望这本书也能触动他们。

关于作者

格雷戈里·贝娄（Gregory Bellow），博士，曾从事精神分析方向的心理治疗师工作长达四十年。当前，他仍是圣威尔临床社会工作学院核心教师团队成员。现居加利福尼亚州雷德伍德市。

图书在版编目(CIP)数据

索尔·贝娄之心:长子回忆录/(美)格雷格·贝
娄著;朱云译. —南京:南京大学出版社,2018.7
书名原文:Saul Bellow's Heart:A Son's Memoir
ISBN 978 - 7 - 305 - 19963 - 9

Ⅰ.①索… Ⅱ.①格…②朱… Ⅲ.①索尔·贝
娄—传记 Ⅳ.①K837.125.6

中国版本图书馆 CIP 数据核字(2018)第 041358 号

SAUL BELLOW'S HEART by Greg Bellow © 2013
This edition arranged with Ink Well Management
through Andrew Nurnberg Associates International Limited
Simplified Chinese translation copyright © 2018 by NJUP
All rights reserved.

江苏省版权局著作权合同登记 图字:10 - 2017 - 006 号

出版发行 南京大学出版社
社 址 南京市汉口路 22 号 邮 编 210093
出 版 人 金鑫荣

书 名 索尔·贝娄之心:长子回忆录
著 者 (美)格雷格·贝娄
译 者 朱 云
责任编辑 付 裕 芮逸敏

照 排 南京紫藤制版印务中心
印 刷 江苏凤凰通达印刷有限公司
开 本 880×1230 1/32 印张 7.5 字数 175 千
版 次 2018 年 7 月第 1 版 2018 年 7 月第 1 次印刷
ISBN 978 - 7 - 305 - 19963 - 9
定 价 35.00 元

网 址 http://www.njupco.com
官方微博 http://weibo.com/njupco
官方微信 njupress
销售咨询 (025)83594756